AI와 디지털 헤리티지

AI총서

인공지능 시대입니다. 기계가 인간의 인지를 대신하고, 사물이 인간을 통하지 않고 다른 사물과 직접 커뮤니케이션합니다. 이에 따른 인간 삶과 문명 변화를 정확히 이해·예측·대응하는 것은 이 시대 우리 모두의 과제입니다. AI총서는 인공지능 기술과 환경의 여러 주제를 10가지 키워드로 정리합니다. 관련 개념과 이론, 학계와 산업계의 쟁점, 우리 일상의 변화를 다룹니다. 인간과 기술의 현재, 미래를 세심히 분석합니다.

일러두기

- 인명, 작품명, 저서명, 개념어 등은 한글과 함께 괄호 안에 해당 국가의 원어를 병기했습니다.
- 외래어 표기는 현행 어문규정의 외래어표기법을 따랐습니다.
- 본 도서는 문화체육관광부 및 한국콘텐츠진흥원(KOCCA)의 2024년도 문화체육관광연구개발사업으로 수행되었음(과제명: 복합소재 문화유산 고품질 복원을 위한 디지털 문화유산 획득용 광학기술 및 공유 플랫폼 기술 개발, 과제번호: RS-2024-00442410)

처음이세요?

전문가세요?

지금, 큐알 찍으면

- 🎁 AI 입문서 바로 선물
- 📚 당신만의 필독서 추천
- 📖 500권 요약본 공짜
- 🎧 오디오북 무료 사용

AI와 디지털 헤리티지

박진호

대한민국, 서울, 커뮤니케이션북스, 2025

AI와 디지털 헤리티지

지은이 박진호
펴낸이 박영률

초판 1쇄 펴낸날 2025년 11월 21일

커뮤니케이션북스(주)
출판 등록 2007년 8월 17일 제313-2007-000166호
02880 서울시 성북구 성북로 5-11
전화(02) 7474 001, 팩스(02) 736 5047
commbooks@commbooks.com
www.commbooks.com

ISBN 979-11-430-1243-2 03500

책값은 뒤표지에 표시되어 있습니다.

차례

과거를 기억하는 패러다임, 디지털 헤리티지

21세기 인류는 과거를 되돌아보는 새로운 방식을 발견했다. 문화유산의 보존, 연구, 교육, 전시 그리고 활용 방식은 디지털 전환과 함께 다양한 변화를 겪고 있으며, 그 중심에는 인공지능(Artificial Intelligence, AI) 기술이 자리 잡고 있다.

특히 AI는 방대한 데이터를 분석하고 예측하는 능력을 바탕으로, 훼손된 문화유산의 복원에서부터 고고학 유적의 발굴에 대한 탐지, 전 세계 박물관의 전시품 분류, 가상·증강현실 기반 체험에 이르기까지 매우 다양한 분야에서 문화유산의 가치 확산에 기여하고 있다.

문화유산과 인공지능의 결합, 새로운 기억의 방식 디지털 헤리티지

21세기 들어 디지털 기술은 문화유산의 기록·보존·전시 방식을 근본적으로 바꾸어 놓았다. 사진과 문서, 유물 모형 중심이던 아날로그 보존 방식은 3D 스캐닝, 고해상도 영상, 실감형 미디어(VR, AR, XR) 기술로 빠르게 대체되고 있으며, 문화유산은 '기록된 물건'에서 '경험 가능한 디지털 자산'으로 급격히 진화하고 있는 실정이다. 여기에 최근 급속도로 발전 중인 AI는 문화유산의 생성 · 관리 · 활용 방식의 근본적인 패러다임 전환을 예고하고 있다. 이제 AI는 단지 기술적 보조 수단이 아니라 문화유산 기억의 구조 자체를 재정의하는 창조적 파트너로 자리 잡아 가고 있다.

AI가 바꾸어 가는 디지털 헤리티지의 핵심 변화들

현재 생성형 AI 기술에 의한 인류의 디지털 미디어 영상 혁명이 이제 막 시작되었다. 챗지피티(ChatGPT), 미드저니(Midjourney), 달리(DALL · E), 소라(Sora), 클링(Kling), 그리고 최근 베오(Veo) 등과 같은 생성형 AI는 인류가 오랫동안 담아 온 영화의 문법 공식을 바꾸었다.

1905년 프랑스 뤼미에르 형제가 세계 최초의 영화를 만든 후 지난 120년 동안 배우를 동원해 카메라로 촬영해 왔던 방식이 영상 빅데이터와 프롬프트로 한 번에 제작이 가능한 방식으로 바뀐 것이다.

단지 영화뿐만 아니라 문화유산도 AI를 통해 생성하는 패러다임이 도래했다. 가상 이미지를 자동 생산하는 도구를 넘어 잃어버린 문화유산의 기억까지 복원해 내는 역할까지 수행한다. 예를 들어 과거 기록을 분석해 내고, 과거 화가들이 그린 그림 스타일을 학습한 AI가 소실된 고지도나 유실된 사찰 벽화를 복원하는 작업은 이미 현실이 되고 있다.

향후에는 인공지능이 역사적 추론 능력을 바탕으로 "당시 상황이라면 어떤 구조가 지어졌을까?", "이 유물의 잔존 흔적으로 볼 때 어떤 의례가 있었을까?" 등의 가설적 복원을 제시하고 AI와 협업하는 형태로까지 발전할 것으로 예견된다.

이제 AI는 관람객의 취향, 나이, 국적, 언어 등을 분석하고 맞춤형 큐레이션 전시를 설계할 수 있는 단계까지 이르렀다. 예컨대 고구려 벽화 전시를 보더라도 어린이 방문자에겐 '모험 이야기'를 중심으로, 고고학 전공자에겐 '회화 양식과 형식'을 중심으로 정보를 제시한다. 이러한 사용자 경험 기반 전시는 문화유산의 의미를 폭넓게 확산하고, 새로운 관람 문화를 정착시킬 수 있다. 특히 실제 박물관과 결합할 경우, AI는 관람객의 반응을 실시간 분석해 전시의 흐름과 내러티브까지도 유기적으로 조정하는 미래형 해설사의 역할도 가능하다

또 기존 디지털 문화유산은 정적인 데이터의 집합이

었다. 그러나 AI는 그 데이터를 통해 맥락과 이야기, 의미 구조를 생성한다. 예를 들어 한양 도성의 GPS 데이터와 조선왕조실록의 텍스트를 결합한 AI는 '조선 왕이 이동했던 시간대와 경로에 따른 왕실 생활상'을 분석하고, 이를 스토리로 재구성해 전시에서 활용할 수 있다.

이처럼 AI는 데이터를 서사화(Narrativization)함으로써 '정보'가 아닌 '기억'으로서 문화유산을 재구성하는 역할을 수행한다.

결국 AI는 문화유산의 '보호자'가 될 수 있는가?

디지털 헤리티지가 가지는 가장 큰 위험 중 하나는 기술의 소멸 속도다. 하드웨어는 진화하고, 데이터 포맷은 사라지고, 디지털 아카이브는 매체의 발전에 따라 제대로 보관할 수 있는가에 대한 위협을 받는다. 이를 통해 디지털 데이터가 얼마나 많이 후세에 전승될 수 있을지 걱정된다.

그러나 AI는 자동 메타데이터 생성, 정합성 검사, 복구 알고리즘, 위변조 탐지 등을 통해 디지털 유산의 보존 수명을 크게 늘릴 수 있다.

특히 AI 기반 예측 보존 시스템은 문화유산의 노후화,

훼손, 생물학적 오염 등을 이미지 분석으로 조기 진단할 수 있으며, 3D 모델 기반의 구조적 안정성도 예측할 수 있다. 물리적 유산의 보존이 AI에 의해 지능화되고 있다는 것은, 앞으로 디지털 트윈 기반의 예측형 문화유산 관리 체계가 일반화될 수 있음을 시사한다.

문화유산, 인간과 AI가 함께 지켜가는 기억의 유기체

디지털 헤리티지는 단순한 데이터 보존 수준에만 머물러 있지 않는다. 그것은 AI라는 창조적 기술과 결합해 살아 숨 쉬는 기억 체계로 진화하고 있다. 따라서 미래의 문화유산은 다음과 같을 것이다. 첫째, 생성형 AI가 스스로 유산을 이야기하고, 둘째, 관람객은 AI와 대화하며 유산을 새롭게 해석하고, 셋째, 보존은 예측적이고 자동화되며, 넷째, 체험은 가상과 현실을 넘나드는 다중 감각적 경험이 될 것이다.

궁극적으로 디지털 헤리티지와 인공지능의 결합은 문화유산의 민주화, 개인화된 체험화, 그리고 지속 가능한 전 지구적 보편적 공유로 이어질 것이다. 그리고 그 과정에서 인간은 문화유산을 대상으로 한 '기억을 만드는 존재'로서, AI는 '기억을 돕는 조력자'로서, 공동의 '문화 유전자(Digital Cultural DNA)'를 구축하게 될 것이다.

이 책의 구성

이 책은 인공지능 기술이 문화유산 데이터 보존과 디지털 콘텐츠 활용에 어떤 혁신을 가져올 수 있는지를 다루고 있다.

21세기에 들어서면서 문화유산 보존과 활용의 방식은 디지털 기술, 특히 인공지능의 도입으로 근본적인 전환을 맞이하고 있다. 과거의 유산은 이제 단순한 기록 대상이 아니라, 디지털 공간 속에서 새롭게 경험되고 해석되는 '살아 있는 자산'으로 자리잡고 있다. 이러한 전환의 중심에는 디지털 헤리티지라는 새로운 개념이 있으며, 이는 문화유산의 디지털 복원과 전시, 체험, 교육, 창작, 타 영상분야와의 융합 등을 포괄하는 총체적 개념이다.

디지털 헤리티지는 디지털 원형화, 융합형 콘텐츠 개발, 예술적 창조라는 세 단계를 거쳐 발전하며, 정보 제공형, 디지털 복원형, 실감 체험형, 미디어아트형, 메타버스형의 다양한 유형으로 분화된다.

특히 AI 기술은 이러한 진화 과정 전반에서 중요한 역할을 수행하며, 단순한 기술 도구를 넘어서 문화 해석과 스토리텔링의 창의적 동반자로 기능한다. AI는 생성형 모델을 통해 사라진 유산을 가상으로 복원하거나, 관람객의 반응을 기반으로 개인화된 전시 경험을 설계하는 등 문화 체험의 깊이를 획기적으로 확장한다.

AI 기반의 디지털 복원은 기술적 정밀함뿐 아니라 윤리적 · 철학적 해석을 동반해야 한다. 이는 단지 사라진 구조물을 되살리는 것이 아니라 그 안에 담긴 사유와 맥락, 감정을 복원하는 고차원적인 작업이다. 예컨대 석굴암 불상의 복원에는 3D 기술만이 아니라 빛, 공간, 종교적 의미에 대한 깊은 이해가 필요하다. 디지털 복원은 과거의 형태를 넘어 기억과 정신까지 다루는 문화적 재해석의 과정인 것이다.

이러한 복원과 보존의 기반에는 디지털 아카이브가 존재한다. 3D 스캔, 드론 촬영, 포토그래메트리 등으로 수집된 데이터는 AI에 의해 정리되고 분석되며, 해석 가능한 지식 생태계로 변환된다. 이 디지털 아카이브는 공공 접근성과 지속 가능성을 확보하면서도 지역 공동체의 문화적 감수성과 윤리를 존중하는 방향으로 설계되어야 한다.

가상현실 문화유산 역시 AI와의 협업을 통해 진화하고 있다. 미디어 매체 중 가장 오랜 역사를 포괄하고 있는 가상현실은 앞으로도 발전 가능성이 무한하다. 여기에 AI는 다양한 시나리오 제안과 시각화 도구로 이를 보조한다. 그러나 궁극적으로 가상현실 콘텐츠의 방향성과 정서는 인간의 문화적 감수성과 창의성에 달려 있다.

AI와 XR의 융합은 문화유산 체험의 지평을 획기적으로 넓혔다. 종래 석굴암 VR 체험이나 경주의 XR-Bus처럼 관람객은 실제 유산에 접근할 수 없는 한계를 극복하고 가상공간에서 역사와 신성함을 직접 체험할 수 있게 되었다. 이러한 실감형 콘텐츠는 관람을 넘어서 체험 중심의 새로운 기억 방식을 제공하며, 국가 차원의 대형 디지털 헤리티지 프로젝트로 확대되고 있다.

그동안 인간을 생각하는 존재로 규정하고 창의성의 발현을 인간다움의 최고라 여겼던 생각이 AI로 인해 송두리째 바뀌고 있다. AI가 문화유산의 창작자로 온다면, 기존 인간의 역할은 무엇일지 고민하게 된다. 생성형 AI의 등장으로 말미암아 창의성 발현이 인간만의 고유한 능력이 아니게 된다면 인간이 쌓아 온 창의성이라는 탁월함의 기준을 무엇으로 규정해야 할지 고민스러운 부분이다.

그럼에도 불구하고 여전히 AI는 인간의 기억을 확장하는 도구일 뿐, 그 기억의 주체는 여전히 사람이다. 앞으로 사람과 인공지능이 함께 문화유산을 보존하고 콘텐츠를 창작해 나가야 하는 이 유기적 관계는 디지털 시대의 새로운 문화적 유전자를 형성하게 될 것이다. 인간과 AI의 공존, 인간과 AI의 융합, 더 나아가 인간과 AI의 랑데뷰라고 말할 수 있다.

본 저서는 이러한 흐름 속에서 인공지능 기술이 문화유산 분야에서 어떤 역할을 할 수 있는지를 살피며, AI가 야기하고 있는 디지털 인공지능 전환 시대의 문화유산에 대한 방향성과 이론적 틀을 제시한다.

참고문헌

김미라(2022). "실감콘텐츠 이용자의 주관적 인식유형 연구: 지각된 특성을 중심으로", 고려대학교 대학원 문화콘텐츠학과 박사학위 수여논문.

김진숙(2018). "가상현실과 증강현실을 통한 불교문화재의 재구성", 《한국불교학》, 85.

박경신(2020). "스마트 관광을 위한 혼합현실 기반 백제 능사(陵寺) 문화유산 현장 가이드 시스템 개발", 《한국정보통신학회논문지》, 24(4).

박상규 외(2024). "실크로드 벽화 디지털콘텐츠 변천 연구 분석 및 인공 융합 연구 전망: 사마르칸트 아프라시압 궁전 벽화를 중심으로", 《한국디지털콘텐츠학회 논문지》, 25(10).

박소연(2008). "가상현실 기반 고구려 고분벽화의 오감체험형 콘텐츠 개발", 《디지털디자인학연구》, 8(4).

박소연·강승묵(2003). "가상현실 기반의 경기전 디지털 복원", 《정보처리학회지》, 15(3).

박진호 외(2022). “인공지능 디지털휴먼 유형 구분에 관한 연구”, 문화콘텐츠학회 연합학술대회 발표 논문집.

박진호 외(2024). “AI를 활용한 디지털 휴먼 중심의 아테네 학당 XR콘텐츠 개발”, 《문화영토연구》, 5(1).

박진호(2000). “가상현실(假想現實) 기술을 이용한 신라왕경(新羅王京)의 복원”, 신라사국제학술대(新羅史國際學術大會) 발표논문.

박진호(2019). “국보 제24호 석굴암 사례로 살펴본 디지털 헤리티지 발전 단계연구”, 《한국통신학회지》, 36(10).

박진호(2021). “디지털 문화유산 유형 연구”, 상명대학교 대학원 글로벌문화콘텐츠학과 글로벌문화콘텐츠 박사학위 논문.

박진호·김상헌(2016). “황룡사 디지털 복원형 가상현실 콘텐츠 개발 및 활용방안 연구”, 글로벌문화콘텐츠학회 동계학술대회.

박진호·김상헌(2018). “다중 체험형 가상현실 디지털 헤리티지 콘텐츠에 관한 연구, -사마르칸트 아프라시압 궁전벽화 유적 멀티스크린형 가상현실 콘텐츠 제작을 중심으로-”, 한국콘텐츠학회 종합학술대회 논문집.

박진호·김상헌(2021). “인공지능 디지털 휴먼 개발: 전곡선사박물관 ICEMAN 외찌 콘텐츠 개발 및 가상 융합체험관 구축”, 《글로벌문화콘텐츠》, 46.

박진호·이용규·이지성·안형기(2021). “석굴암 콘텐츠 발전과정에 따른 인공지능 XR메타버스 콘텐츠 제안”, 《한국영상학회 논문집》, 19(4).

박혜윤(2022). “디지털 미디어 발전에 따른 박물관 전시 변화 사례연구”, 연세대학교 커뮤니케이션대학원 미디어 아트 전공.

안형기(2017). “考古學과 ICT 融合活用 硏究”, 고려대학교 고고미술사학과 박사학위 논문.

안형기·박진호(2021). “유네스코 세계유산 트로이 유적 층위기반 인공지능형 메타버스 콘텐츠 연구”, 한국콘텐츠학회 종합학술대회 논문집.
안혜령(2022). "실감 콘텐츠의 인터랙션 연구", 《디지털융복합연구》, 20(4).
안혜령·김치호(2022). "실감콘텐츠의 인터랙션 연구–국립중앙박물관 디지털실감영상관과 아르떼뮤지엄제주를 중심으로–", 《디지털융복합연구》, 20(4).
위상희·안형기(2023). "포스트 코로나 시대의 디지털 헤리티지의 방향성 연구", 《글로벌문화콘텐츠》, 56.
유동환 외(2023). "역사인물형 디지털 휴먼의 기획과정 재검토: '디지털 휴먼 단독 콘텐츠 기획'에서 '디지털 융합 전시기획'으로", 인문콘텐츠학회 동계 종합학술대회.
유동환(2013). "디지털 문화유산 연구의 현황과 전망", 《문화콘텐츠연구》 3.
이주희(2021). "박물관 실감콘텐츠 이용에 따른 체험가치, 공동가치창출 태도 및 행동 간 구조관계연구", 경희대학교 대학원 스마트관광원 박사학위 논문.
이지은(2022). "인터랙티브한 실감콘텐츠의 유형별 특성 연구: 국립중앙박물관 사례를 중심으로". 《한국디자인포럼》, 76.
이희봉(2009). "탑의 원조 인도 스투파의 형태 해석", 건축역사연구 제18권 6호 통권 67호.
정광철(2020). "국립중앙박물관 경천사 10층 석탑 프로젝션 매핑, Digital Heritage 실감 콘텐츠 제작", 경주스마트미디어센터 제2회 디지털헤리티지포럼.
최양현(2009). "디지털 복원에 기반한 영상 콘텐츠 프로덕션의 파이프라인 연구", HCI 2009년 학술대회.
최준혁(2023). "국립박물관 전시 공간의 실감형 콘텐츠 구현 특성 연구", 대한전시디자인학회.
최희수(2019). "국내 디지털 헤리티지 콘텐츠의 비판적 성찰", 《정보기술융합공학논문지》, 9(1).

최희수·김상헌(2017). “역사교육을 위한 메타버스 콘텐츠 연구”, 《글로벌문화콘텐츠》, 26.

01
디지털 헤리티지의 등장과 분류

디지털 헤리티지는 역사 · 문화 · 예술적 가치를 지닌 유산을 3D 스캔, VR, AR, MR, XR, 홀로그램 등의 첨단 디지털 기술을 활용해 보존 · 연구 · 전시 · 교육하는 전 과정을 포괄한다. 그 목적은 물리적인 문화유산의 보존을 넘어, 미래 세대가 이를 학습하고 창조적으로 재활용함과 동시에 국제 문화 교류를 활성화하고 국가 브랜드 가치를 제고하는 데 있다. AI는 디지털 헤리티지를 단순한 기록과 재현의 영역에서 탈피시켜, 지능형 해석, 창조, 참여의 통합 플랫폼으로 진화시키는 핵심 동인이다.

기후 위기와 인공지능?

디지털 헤리티지란

디지털 헤리티지(Digital Heritage)는 역사적 · 문화적 · 예술적 가치를 지닌 문화유산을 디지털 형태로 보존 · 연구 · 전시 · 교육 등에 활용하는 전반을 의미한다. 그리하여 디지털 헤리티지는 전통적인 방식으로 보존되어 온 문화유산들을 디지털 기술을 이용해 3D 스캔, 증강현실(AR), 가상현실(VR), 혼합현실(MR), 확장현실(XR) 등의 방법으로 디지털화해 이를 보존하며 더 나아가 활용하는 영역까지 아우르고 있다. 이렇듯 디지털 헤리티지는 과거의 유산을 보존하는 것뿐만 아니라 미래 세대가 이를 이해하고 학습하며 창조적으로 활용할 수 있도록 하는 것까지를 중요한 목적 중 하나로 삼는다.

또한 문화유산을 자국에 한정하지 않고 세계적으로 공유할 수 있게 하며, 전 세계적인 문화 교류와 이해를 증진하는 데에도 큰 역할을 한다. 예를 들어 지난 2021년 화재로 훼손된 노트르담 사원을 증강현실 콘텐츠로 재현해 전 세계 20개 도시를 순회하며 전시했던 프랑스 기업 히스토버리(Histovery)의 '노트르담 증강현실 전시' 사례가 대표적이다. 전 세계 4개 대륙 20개 도시를 순회하며 자체 디스플레이인 히스토패드(HistoPad)를 통해 현재와 800년 전 노트르담 성당을 증강현실 기술로 재현했다.

문화유산 고양과 문화 산업의 활성화라는 요청이 팽배해지면서, 점차 디지털 기술을 활용한 문화유산 보존, 복원 및 관리 정책들이 지속적으로 추진되고 있다. 이렇게 세계 각국이 문화유산의 디지털화에 초미의 관심을 갖게 되면서 국내에서도 이에 따른 각종 정책적 지원이 잇따르고 있다. 이러한 분위기에 발맞추어 한국에서는 국내뿐만 아니라 해외 문화유산을 염두에 둔 디지털 헤리티지 사업도 매우 적극적으로 추진하고 있다.

디지털 헤리티지 최근 동향

2020년부터 시작된 국립중앙박물관의 실감 콘텐츠 등으로 디지털 헤리티지는 새로운 국면을 맞이했다. 2023년부터는 디지털 헤리티지와 관련한 문화재청의 초대형 디지털 헤리티지 사업이 속속 등장했다. 예를 들어 3년간 300억에 가까운 예산이 투여된 '신라왕경(新羅王京) 프로젝트(서라벌 천년 시간여행)'와 현재 국가유산청과 한국전통문화대학교가 진행 중인 '이집트 문화유산 디지털화 사업(ODA)', 2028년 이후 세종시에 들어설 '국립디지털문화유산센터 사업'에 이르기까지 전례 없는 디지털 헤리티지 관련 대형 사업들이 진행 중이거나 진행

될 예정이다.

이러한 국립중앙박물관의 실감 콘텐츠나 국가유산청의 디지털 헤리티지 관련 디지털 프로젝트는 단순히 보고 듣는 전시 관람에서 문화유산을 디스플레이 형태의 콘텐츠로 담아 몰입성을 높이는 등 문화유산의 디지털 활용을 극대화했다. 이는 유물 중심의 감상에서, 이 유물에 대한 디지털 형태의 전시 해석 매체를 이용해 디지털 미디어를 통해 유물이 주고자 하는 의미를 확장할 수 있다.

이를 통해서 우리나라 역사 문화의 빼어남과 독창성을 널리 알릴 수 있다. 사회문화적인 측면에서 보면 최근 넷플릭스의 '오징어 게임'이나 'BTS(방탄소년단)' 그리고 2025년 전 세계에 한국 문화 열풍을 몰고 온 '케이팝(K-POP) 데몬 헌터스' 등의 한류(韓流) 열풍에 편승해 한국 문화유산을 해외에 소개하는 수단으로서 디지털 헤리티지의 역할이 더욱 존재감을 드러내고 있다.

이런 디지털 헤리티지의 분야는 몇 가지로 나누어 볼 수 있다. 첫째는 '디지털 원형' 단계다. 이것은 대상 문화유산을 디지털화 데이터로 구축하는 영역이다. 둘째는 이런 디지털 데이터를 가지고 VR, AR, MR과 같은 기술에 접목해 융합형 콘텐츠를 만드는 단계다. 한 발짝 더 나아가서는 '예술적 창조'의 단계다. 이 단계에서는 문화유산을 그 대상 소재로만 삼을 뿐, 종국에는 미디어 아트 기술을 적용해 문화유산을 예술적 경지까지 이르게 하는 단계다.

디지털 헤리티지 유형에 따른 진화상

우리가 과거를 디지털로 되살리는 방식은 생각보다 훨씬 다채롭고 섬세하다. 디지털 헤리티지는 단순한 기술이 아니라, 시간과 기억을 다루는 새로운 언어이자, 문화유산과의 관계 맺기 방식이다. 이 디지털 헤리티지는 그 목적과 활용 방식에 따라 다섯 가지 유형으로 분류할 수 있는데, 각각은 마치 하나의 진화 단계를 보여 주는 듯, 문화유산을 바라보는 우리의 시선과 기술의 깊이에 따라 펼쳐진다.

먼저 출발점에 있는 것은 '정보 제공형'이다. 이 단계는 문화유산을 디지털화된 텍스트나 이미지로 기록하고 보관하는 가장 기초적인 방식이다. 우리가 흔히 웹사이트나 박물관 전시 안내에서 마주치는 설명문, 연대기적 서술, 기초 정보들이 여기에 해당한다. 컴퓨터 그래픽이 본격적으로 발전하기 전, 비교적 간단한 기술로도 접근이 가능했기에 디지털 헤리티지의 첫걸음은 늘 이 '정보'

표 1-1. 디지털 문화유산 유형에 따른 콘텐츠 활용과 적용 기술

	유형	활용 예	적용 기술
1	정보제공형	• 역사적인 사료 기반 연구 • 인문지리 웹사이트 구축 • 문화유산 메타데이터 생성	• 2차원 스캔 • 분류 마이닝 • 대상 머신러닝
2	디지털 복원형	• 고고학 유적 복원 시뮬레이션 • 프로젝션 매핑 활용 건축물 가상 복원 • 3D프린터를 활용한 유물 정밀 복제 • 스캔 유물 대상 정밀 고해상도 촬영 • 문화유산 원형 디지털 복제	• 3D스캔 • 3D모델링 • 언리얼 프로그램 • 유니티 프로그램
3	실감체험형	• 인터랙티브 발굴 체험 가상현실(VR) • 궁궐 내외부 가상현실 관람(VR) • 야외 고고 유적형 증강현실(AR) • 멀티미디어를 통한 생활상 재현 유적 • 홀로렌즈를 통해 재현한 원형유물 • 박물관 유물을 대상으로 한 혼합현실 • 케이브(CAVE)형 가상현실 콘텐츠 • 360도 IMMERSIVE형 체험 콘텐츠 • 스피어 원구형 실감형 콘텐츠 • 유적지 대상 XR-Bus 관광형 콘텐츠	• VR 및 3D 모델링 • 홀로그램 공연 • 글래스형 증강현실 • 야외 증강현실 투영 기술 • 관광투어형 XR-Bus
4	미디어 아트형	• 야외 문화유산을 이용한 미디어 파사드 • 탑(塔)등 원형 문화유산 프로젝션 매핑 • 수원성 등 거대 건물 프로젝션 매핑 • 회화를 초거대 실감으로 만드는 프로젝션 매핑	• 프로젝션 매핑 • 미디어 파사드 • 4K·8K 고해상도 매핑

5	메타버스형	• 건축 문화유산 메타버스 공간 구축 • 고고학적 유적지 메타버스 재현 • 실크로드 고대 도시 메타버스 복원 • 아바타(Avatar) 생성을 통한 콘텐츠 • 역사적 인물 소재 AI디지털 휴먼 재현	• 메타 휴먼 • 디지털 휴먼 • 머신러닝 • 딥러닝

에서 시작되었다.

그러나 진정한 디지털 헤리티지의 본격적인 여정은 '디지털 복원형'에서부터 시작된다. 현실에 존재하지 않거나 형체가 훼손된 유산을 디지털 기술로 재현하려는 시도는 단순한 기록을 넘어서 '잃어버린 과거를 되살리는' 창조의 영역으로 들어간다. 과거의 절대다수 유산이 현재는 흔적조차 남아 있지 않기에, 우리는 고문헌, 도면, 박물관 유물 등 문화유산 자료를 바탕으로 3D 모델링을 수행하게 된다.

엄밀히 말하자면 완벽한 디지털 복원이란 전적으로 불가능하다. 하지만 우리가 가진 증거와 상상력으로 과거에 가장 근접한 형태를 만들어 내는 이 '복원'은, 단순히 시각적 재현이 아닌 문화적 재해석이자 기억을 되살리는 일이다. 그렇기에 디지털 복원형은 디지털 헤리티지 중 가장 원초적이면서도 가장 넓은 연구 영역을 차지한다.

그다음 단계는 관람자의 감각을 움직이는 '실감 체험

형'이다. 이 영역은 요즘 가장 뜨거운 관심을 받는 분야다. XR, VR, AR, MR 같은 기술을 통해 유산은 더 이상 '보는 것'이 아니라 '들어가는 것'이 된다.

이를 통해 현실의 경계는 흐려지고, 관람자는 시간 여행자가 되어 과거 공간에 들어서며 유산의 숨결을 느낄 수 있다. 이런 형태의 실감 체험형 콘텐츠는 문화유산의 의미를 감각으로 체험하게 함으로써 단순한 학습을 넘은 몰입과 공감을 가능하게 한다. 특히 AI와 결합할 경우, 관람자의 응시와 반응에 따라 콘텐츠가 변화하는 맞춤형 역사 체험이 이루어진다.

이보다 한 발 더 나아가면, 디지털 헤리티지는 '미디어 아트형'으로 확장된다. 이 유형은 단지 과거를 보여 주는 데서 멈추지 않는다. 오히려 유산을 창작의 소재로 끌어안고 예술로 승화시키는 방식이다. 미디어 아트형 디지털 헤리티지는 정보나 고증보다 '감성'과 '창조'에 더 가까운 개념이다. 문화유산의 형상은 단지 출발점일 뿐, 디지털 아티스트는 그 안에 새로운 빛을 입히고, 소리를 더하며, 관객과의 상호작용을 통해 유산을 새롭게 '재탄생'시킨다. 이는 기술과 예술의 경계에서 탄생한 현대의 문화 표현이자, 과거를 지금의 언어로 번역하는 감각적 시도다.

그리고 마지막으로, 디지털 헤리티지는 미래를 향해 열린 '메타버스형'으로 나아간다. 아직 본격적인 대중화는 이루어지지 않았지만, 궁극적으로 디지털 헤리티지가 지향하는 이상향은 이 메타버스 속에 있다. 가상의 도시, 가상의 사찰, 가상의 축제 공간에서 우리는 시공간의 제약 없이 문화유산과 마주한다. 그 안에서 AI 가이드와 대화하고, 과거 인물과 인터랙션을 하며, 유산을 '사는 듯한' 경험을 할 수 있다. 메타버스형 디지털 헤리티지는 디지털 유산을 '현실의 보완'이 아니라 '현실 그 자체'로 구현하려는 가장 진보된 형태다.

이처럼 디지털 헤리티지의 다섯 가지 유형은 기술적 단계의 구분이자, 동시에 인간이 과거를 기억하고 재구성하는 방식의 변화 궤적을 보여 준다. 정보에서 복원으로, 체험에서 창조로, 그리고 가상의 세계로. 이는 단지 기술의 진화가 아니라, 우리가 과거와 어떻게 관계 맺고 싶은지에 대한 의지이자, 새로운 기억의 패러다임에 대한 선언이다.

디지털 헤리티지의 발전 가능성

디지털 헤리티지는 계속해서 발전할 가능성이 높은 분야다. 디지털 기술이 더욱 진보하고 발전함에 따라 그 중요성도 더욱 높아지고 있다. 디지털 헤리티지를 활용한 새로운 문화유산 창작, 가상 공간에서의 상호작용, 디지털 유산물의 보존과 관리 기술의 발전 등이 그 예다.

또한 인공지능과 머신러닝 등의 기술을 활용해 디지털 헤리티지를 더욱 발전시키는 것도 가능하다. 이를 통해 디지털 헤리티지가 더욱 정확하고 효율적으로 관리되고 활용될 수 있다.

디지털 헤리티지는 또한 국제적으로 연계되어 발전할 가능성도 있다. 전 세계의 문화유산을 디지털화해 공유하고 이를 기반으로 한 국제 교류와 협력을 더욱 증진할 수 있다. 총체적으로, 디지털 헤리티지는 속속 등장하는 차세대 기술의 놀라운 발전과 국가와 국가 간의 디지털 헤리티지 국제 협력 증대 등에 힘입어 더욱 발전할 가능성이 높다. 이를 통해 인류의 문화유산을 더욱 적극적으로 보존하고 발전시키는 데에 큰 역할을 할 것으로 기대된다.

02
디지털 복원, 과거를 잇는 기술의 상상력

디지털 기술은 사진이나 영상처럼 현실의 껍데기를 복사하는 것에 그치지 않고, 더 이상 존재하지 않는 것조차 재현해 낸다. 사라진 도시를 다시 세우고, 깨어진 불상의 숨결을 복원하며, 이미 전승이 끊어진 과거의 음악을 다시 울릴 수 있는 것이다. 이런 디지털 복원은 과거 유산의 보존과 미래 전승을 위한 필수 기술이기도 하다. 원형이 훼손된 유산을 정밀하게 재현함으로써 후세가 체험하고 이해할 수 있도록 한다.

노래하는 AI 보컬?

세상에 존재하지 않는 것들을 어떻게 복원할 것인가?

디지털 복원의 핵심 딜레마는 바로 여기에 있다. 실체가 사라진 문화유산을 어떻게 '복원'할 수 있을까? 실제 원형이 남아 있지 않은 문화유산을 디지털 기술로 다시 복원한다면, 그것은 진짜 복원일까 아니면 새로운 또 하나의 창조일까? 석굴암을 예로 들어 보자. 석굴암은 수학과 기하학적 원리를 바탕으로 치밀하게 계획된 문화유산으로 인도 석굴사원의 형식을 따라 만들어졌지만, 통일신라 시대에 등장한 국제적 수준의 명작이자 불국토를 꿈꾸던 신라인이 만든 3차원 건축 공간이다.

세계적인 석굴 사원 중 하나인 이 문화유산은 수많은 지진과 풍화, 인위적 개수(改修)를 거치며 그 본래의 모습이 흐려졌다. 그러나 지난 2008년과 2011년 두 차례에 걸쳐 KAIST 문화기술대학원을 주축으로 한 국내 연구진은 3D 스캐닝 기술을 통해 석굴암 내부 39개 불상의 정확한 위치, 형태, 매핑 질감에 이르기까지 디지털 데이터로 정밀하게 재현해 냈다. 이 과정에서 가장 중요한 것은 단순히 "어떻게 생겼는가"가 아니라, "왜 그렇게 생겼는가"라는 질문에 대한 문화적 이해였다.

AI에 기반한 디지털 복원은 이제 인간의 손을 넘어섰

다. 고대 유물의 파편을 AI가 자동 조합하고, 유사한 시대의 패턴을 기반으로 결손된 조각을 추론한다. 이는 과거에는 불가능했던 '예측 기반 복원'을 가능하게 한다. 하지만 여기서 중요한 질문은 다시 떠오른다. "그 예측은 누구의 기준인가?" AI의 데이터는 결국 인간의 선택과 해석에서 비롯된다. 그렇다면 우리는 기술이 아니라 해석의 윤리 앞에 서야 한다.

기술이 과거를 해석할 수 있을까?

디지털 복원은 '과거의 모습을 다시 짓는 일'이다. 하지만 이는 단순한 건축의 문제를 넘는다. 복원은 곧 해석이며, 해석은 세계관을 전제한다. 문화유산은 그저 형태만이 아니라 시대의 철학과 종교, 미학이 집약된 결의체이기 때문이다. 기술자와 연구자는 스스로 '제작자'가 아니라 '해석자'임을 자각해야 한다.

다시 석굴암의 경우, 본존불의 얼굴을 3D로 스캔하고 텍스처링을 더한다고 해서 그것이 석굴암 본래의 원형성을 회복하는 것은 아니다. 디지털 복원은 결국 '원형의 철학'을 이해하는 사람들만이 다룰 수 있는 정교한 문화 작업이다. 실제 석굴암 복원 프로젝트에서는 국가유산청(구 문화재청), 디지털 기술 관련 전문 기업, 고고·역사 전문가, 미술사학자들이 참여했다. 단순한 3D 데이터 구현이 아니라 "이 불상은 어떤 빛 아래에서 조각되었는가?", "이 구도는 불교적 사유와 어떻게 연결되는가?"라는 질문이 전 과정에 개입되었다. AI 역시 이 과정에서 단순한 기계가 아니라 '조력자'로 참여한 것이다.

디지털 복원의 시대, 무엇을 복원할 것인가?

이제 디지털 복원은 사라진 도시, 멸실된 사찰, 무너진 성곽만이 아니라 더 추상적인 문화적 기억까지 다룬다. 유네스코는 2003년 '디지털유산보존헌장'을 통해 디지털 복원이 물리적 유산만이 아니라 인간 경험의 '정신적 자산'을 복원하는 도구가 될 수 있음을 선언했다.

디지털 복원은 점차 물질적 대상에서 경험의 시간성으로 옮겨 가고 있다. 예를 들어 황룡사 9층 목탑의 복원은 단지 건물의 형상을 재현하는 것을 넘어서, 그곳에서 행해졌던 불교 의례, 사람들의 동선, 그 공간의 울림까지 상상하고 구현해 낸다. 이를 위해 AI는 고문헌 텍스트를 분석하고, 유사 건축물의 구조를 학습해 설계도를 추정하며, 3D 음향 시뮬레이션으로 공간의 소리까지 재구성한다. 그렇다면 질문은 더욱 깊어진다. "우리가 복원하는 것은 과거인가, 아니면 과거에 대한 현재의 상상일 뿐인가?" 따라서 어떻게 보면 디지털 복원은 완전히 새로운 문화 창작의 장으로, 인류의 '기억의 디자인'에 해당하는 철학적 과업이 되어 가고 있다.

대한민국 대표 디지털 복원, 신라왕경

국가유산청은 지난 2023년부터 '신라왕경 디지털 복원'을 추진했다. 역대 한민족 역사상 가장 오랜 왕조 역사를 자랑하는 신라 천 년 역사를 디지털로 구성해 마치 시간 여행을 하듯 가상공간을 통해 경험할 수 있게 했다.

실제가 아닌 디지털 콘텐츠를 통한 재현이기는 하지만, 천여 년 전 신라왕경의 모습을 체험할 수 있는 것이다. 신라 문화의 원형이 담긴 신라의 수도 경주 서라벌을 디지털로 재현했다는 점은 상징성이 매우 크다. 이 거대 디지털 프로젝트는 '서라벌 천년 시간 여행'이라는 이름 아래 신라왕경의 찬란했던 문화유산을 디지털 기술로 만들어 가상 공간에서 직접 경험할 수 있도록 설계된 것이다. 이는 궁극적으로 문화유산의 원형을 디지털로 복원함과 동시에 문화유산 콘텐츠 산업의 미래를 대표하는 사례다. 이런 '역사 도시 디지털 복원 사업'의 목적은 우리나라 대표 문화유산의 디지털 복원과 문화유산 산업의 기반을 조성한 것이다.

통일신라의 수도였던 서라벌은 과거 동로마 제국의 수도 콘스탄티노플, 이슬람 제국의 중심지였던 바그다드, 당나라 수도인 장안성(長安城) 같은 고대 시대 최고의 도성이었다. 오늘날 경주는 다수의 유네스코 세계 문화유산을 보유하고 있으며, 신라 시대를 대상으로 한 문화유산 디지털 복원의 최적 대상지다.

신라왕경의 대표 문화유산인 황룡사는 553년 창건을 시작한 이래 신라 시대 최대 사찰이 되었다. 이후 더 건축된 황룡사 9층 목탑은 645년(신라 선덕여왕 14년)에 완성되었다. 그러나 600년이 지난 후인 1238년 몽골군의 침입으로 모두 불타 역사 속으로 사라져 버렸다. 현재는 '경주 황룡사지(사적 제6호)'라는 명칭으로 몇몇 초석만을 통해 그 흔적만 남아 있다.

이러한 황룡사를 포함한 신라왕경의 실제 모습은 시간이 다소 오래 걸리더라도 반드시 그 실체가 파악되어야 한다. 그러나 실물 복원에는 신중함이 요구된다.

예를 들어 500억의 예산을 들여 지난 2019년 실물 복원했던 월정교는 8세기 통일신라 경덕왕 시대를 고증 재현한 다리라기보다는 18세기 중국 청나라 목조 다리 모습을 재현해 놓은 것 같아 복원의 진정성을 의심받는, 실패한 복원 사례로 꼽힌다.

과거에 존재했던 월정교와 같은 신라시대 건축물을 복원하려 한다면 철저한 고증 연구를 통해 "과연 그 시대의 건물상이 맞는가?"에 대한 검증을 선행하고 나서야 복원에 임해야 한다. 그러나 복원만을 전제로 한 실물 복원은 졸속 복원의 우를 범하기 쉽다. 실물 복원은 한번 만들어 놓으면 그 형태를 수정하거나 다시 만들 수 없다. 여기서 등장하는 대안이 디지털 복원이다.

실물 복원은 과거 유산의 고증을 통해 완벽하게 재현 가능하지 않기 때문에 디지털 복원이 필요한 것이다. 디지털 복원은 언제든지 합당한 고증 이론이 등장하면 쉽게 수정할 수 있어서 실제 황룡사나 신라왕경에 대한 복원에 나서기 전에 우선적으로 할 수 있는 매우 중요한 작업들이다.

황룡사는 지난 70년 동안 축적해 온 고증 자료를 기반으로 어느 정도까지는 3D 모델링 기술을 통해 디지털로 복원할 수 있다. 황룡사 복원의 경우 VR · XR 기술을 적용해 폐허가 된 목탑 내부를 1층부터 9층까지 직접 걸어 다니는 듯한 경험 효과를 가져올 수 있다.

K-문화유산 관광으로서의 디지털 복원

이탈리아의 로마는 유럽의 대표적인 고도(古都)로서, 매년 전 세계에서 수백만의 관광객들이 몰린다. 2000년 전 로마 시대 유적들이 많이 산재해 있기 때문에 이런 실제 아날로그 유적만으로도 매혹적인 콘텐츠가 된다.

아직 신라 경주는 이탈리아 로마처럼 전 세계에 잘 알려진 문화유산 도시는 아니다. 그러나 '서라벌 천년 시간 여행'이라는 디지털 복원은 매력적인 디지털 가상 관광으로서, 즉 'K-문화유산 관광'으로서 그 활용 가능성이 무한하리라 본다.

코로나 사태 이후로 최근 전 세계는 자국의 관광 산업 재도약을 위한 유치전에 본격적으로 돌입했다. 우리나라도 예외는 아니다. 관광 적자를 해소하기 위해, 한류를 통해 해외에 많이 알려진 대한민국의 위상을 이제는 관광으로 돌려 보려 한다. 그를 위한 한국 관광의 킬러 콘텐츠는 소위 'K-컬처'라 불리는 소프트파워다.

매년 한국을 찾아오는 외국 관광객을 대상으로 매력적 'K-컬처 관광 체험'을 줄 수 있어야 한다. 그래야만 꾸준하게 지속 가능한 대한민국 관광의 파급력을 유지할 수 있다. 진정한 문화유산 관광 실현을 위해서는 디지털 기술을 이용한 특색 있는 관광 콘텐츠 확보가 매우 필요한 시점이다.

경주에 산재한 10여 개가 넘는 유네스코 세계문화유

산 유적지라는 장소(하드웨어)는 어느 정도 갖춰졌다. 이제는 디지털 복원 콘텐츠(소프트웨어)다.

이탈리아 로마가 고대 로마 시대부터 잘 남아 있는 문화유산 유적지들을 통해 '아날로그 고도'를 이루었다면, 우리는 신라왕경 디지털 복원을 통해 가상 관광을 위한 '디지털 고도'를 만들어 낼 수 있을 것이다.

역대 디지털 헤리티지 프로젝트 사례

국내에서 실물이 사라진 문화재를 디지털 기술로 처음 복원, 구현한 것은 지난 2000년이다. 당시 '경주세계문화엑스포 2000' 주제영상관에서는 1300년 전 경주 서라벌 도성의 모습이 VR 기술을 통해 디지털 복원된 바 있다. 약 2개월의 디지털 복원 상영 기간 동안 150만의 국내외 관광객이 관람했다. 당시 사적지였고 교각만 남아 있던 월정교를 고려 시대 김극기 시(詩) 등의 기록과 문헌을 바탕으로 62m에 이르는 아치 모양의 석교(石橋) 목조 건축 구조로 완벽하게 디지털 복원했다. 이후로도 2020년을 기점으로 국립중앙박물관을 중심으로 박물관 신기술 융합콘텐츠(실감 콘텐츠) 수요가 증가하고 있으며, 국가유산 분야에 디지털 기술이 접목되어 본격적으로 체계적인 사업으로 관리, 진행되고 있다.

표 2-1. 디지털 헤리티지 관련 주요 프로젝트 연혁

연도	내용
1991	• 미륵사지(彌勒寺址) 서탑(西塔) 복원 프로젝트(한국과학기술연구원 부설 시스템 공학연구소가 수행, 당시 프로젝트 담당 김동현 박사).
2000	• 경주 세계문화엑스포 2000 '서라벌의 숨결 속으로' VR영상관 전시(9~11월). • 경주 세계문화 엑스포 2000, 신라사(新羅史) 경주 국제학술대회, "가상현실(假想現實) 기술(技術)에 의한 新羅 王京의 복원(박진호)"(2000년 10월 6일), 정식 국제학술대회에서 발표된 첫 디지털 헤리티지 학술논문.
2001	• 무령왕릉 발굴 30주년 기념 국립공주박물관 특별전에서 "무령왕릉 3차원 디지털 복원"전시.
2002	• 아프가니스탄 탈레반에 의해 파괴된 바미안석불 디지털 복원 프로젝트. • 문화체육관광부 아래 한국콘텐츠진흥원(KOCCA)의 "문화원형 사업실시"(2012년 사업 마무리까지 총 120여개가 넘는 문화원형 디지털 프로젝트가 진행됨). • 한국문화콘텐츠진흥원 지원사업인 '디지털 콘텐츠 구축사업' 시작('디지털 한양', 2002년, 2004년).
2006	• "캄보디아 앙코르와트 문화원형" 사업 실시(국내 첫 해외 디지털국가유산 프로젝트).
2007	• 베트남 후에황성 디지털 프로젝트(문화재청에서 수행한 첫 해외 디지털 ODA사업). • 혜초의 왕오천축국전 디지털콘텐츠화 (한국문화콘텐츠진흥원).
2009	• 황룡사지, 분황사지 VR복원 프로젝트. • 한국콘텐츠진흥원 스토리뱅크 개발 사업, 황룡사의 새로운 조사 및 연구 성과와 분황사의 발굴 조사 성과 반영.

연도	내용
2010	• 경복궁과 육조대로 VR복원 프로젝트 : 촬영 영상과 합성 가능한 배경(MATTE PAINTING)제작용 CG복원. • 2010년 대백제전(大百濟展) 백제문화유산 디지털 복원 프로젝트(사비도성).
2011	• 세종시 디지털 문화유산 박물관 건립을 위한 국가유산청(전 문화재청)의 문화유산 디지털 프로젝트 (석굴암 3D 입체 영상, 해인사 팔만대장경 3D 입체 영상, 무형 문화유산 승무 홀로그램 등).
2012	• 인도네시아 유네스코 세계문화유산 '보로부드르 사원' 디지털 복원 실시.
2013	• 미국 뉴욕 메트로폴리탄 박물관 석굴암 4K UHD 콘텐츠 (한국 최초의 디지털 문화유산 해외 대표적인 박물관에서의 디지털 전시).
2014	• 미래창조과학부 디지털 헤리티지 사업 시작(2015년부터 2019년까지 매년 디지털 국가 유산 사업 실시).
2015	• 북한 개성 만월대 국립고궁박물관 특별전(북한 문화유산 최초 만월대 실사 촬영 HMD 가상현실 콘텐츠).
2016	• 한성백제박물관 고구려 고분벽화 특별전 개막(북한 문화유산 최초의 디지털 가상현실 고구려 VR 콘텐츠(HMD) 전시, 2016.12~2017.2). • 한국콘텐츠산업진흥원의 융복합 콘텐츠 지원 프로젝트 "미켈란젤로 프로젝트" 실시(로마 바티칸의 성시스티나 성당 벽화 가상현실 재현).
2017	• 한·아세안 협력기금을 활용한 "한아세안 10개국 문화유산 디지털 콘텐츠 개발사업'(아세안 10개 나라 대상인 베트남, 말레이시아, 싱가포르, 브루나이, 필리핀, 캄보디아, 미얀마, 인도네시아, 라오스 등에 대한 디지털 아카이빙 구축 사업과 VR 콘텐츠 제작, ※2020년까지 진행됨).
2018	• 국립중앙박물관 실감 콘텐츠 사업(미디어 파사드 7건, 가상현실 콘텐츠 13건).

연도	내용
2019	• 부여군 사비도성 가상 체험관 개관(백제 정림사 디지털 가상 복원 VR 체험존). • 광주정보문화산업진흥원과 국립아시아문화전당의 연합 가상현실 디지털 전시 프로젝트 "아시아 스투파로드 프로젝트" 실시(파키스탄 탁티바히 가상현실 프로젝트).
2020	• 문화재청 한양도성 타임머신 프로젝트(2020~2022). • 국립중앙박물관 실감 콘텐츠 2020년 5월에 오픈(경천사지 10층석탑 프로젝션 매핑, 고구려 고분벽화 안악3호분 실감 콘텐츠, 유네스코 세계문화유산 화성행차도 실감 콘텐츠 등). • 국립공주박물관 '무령왕릉', 국립경주박물관 '성덕대왕 신종', 국립부여박물관, 국립나주박물관, 국립청주박물관, 국립제주박물관, 국립춘천박물관 등 지역 국립박물관 문화유산 디지털 실감 콘텐츠 전시관 개관.
2021	• 북한 디지털 문화유산 체험관 개관으로 고려 개성 황경(皇京) 디지털 복원 가상현실 체험관, 과학기술정보통신부의 2019년 디지털 헤리티지 사업 결과물.
2022	• 유네스코 세계문화유산 베트남 후에황성 XR 디지털 체험관 개관('한아세안 XR콘텐츠'사업의 일환으로 베트남 후에시 후에 황성에 적용). • 문화재청 한양도성 타임머신 사업 종료.
2023	• 문화재청 서라벌 천년 타임머신 프로젝트 실시(2023~2025). • 태국방콕국립박물관 아유타야 실감 콘텐츠 개관(총 2종의 XR 실감 콘텐츠 설치 운영).
2024	• 국립중앙박물관 고구려 디지털 문화유산 '디지털 광개토태왕비'실감 콘텐츠 제작(문화유산기술연구소). • 광학 헤리티지 관련 기술 과제 진행: 복합소재 문화유산 고품질 복원을 위한 디지털 문화유산 획득용 광학기술 및 공유 플랫폼 기술 개발 : ETRI, 서울대, 경북대, 고려대, 포스트미디어, 프리닷츠 컨소시엄.

연도	내용
2025	• 몽골 고비사막 출토 공룡 화석인 '타르보사우르스 3D스캔 프로젝트' 실시(대한민국 실감 콘텐츠 기업과 몽골 고생물학 연구소 공동 수행 프로젝트). • EBS 백제 유네스코 유산 등재 다큐멘터리 백제 양직공도 세계 최초 AI재현(에임즈미디어). • 경주 APEC 기념 Golden Silla 확장현실(XR) 모빌리티 버스 제작.

향후 국가 유산을 소재로 한 결과물은 새로운 관람과 체험 문화를 확산할 수 있으며, 이는 대중이 후속으로 진행되는 디지털 헤리티지 사업에 대해 긍정적으로 평가하고 인식할 수 있는 좋은 기회가 될 것이다. 표 2-1은 지난 1991년 이래 우리나라에서 수행했던 대표적인 디지털 헤리티지 프로젝트를 정리해 본 것이다.

기억을 짓는 일, 기술에 대한 겸손함을 배워야 할 때

따라서 디지털 복원은 단지 문화유산을 스캔해 보관하는 것에 그치지 않고, 그것에 담긴 문화적 맥락과 의미를 재해석하고 공유하는 생태계다. 단순 자료 저장이 아니라 공공 지식 기반으로의 전환을 목표로 하며, 누구나 접근하고 체험할 수 있는 디지털 공간을 만들어 낸다. 우리는 디지털 복원을 통해 기술이 가진 능력을 목격한다. 하지만 그만큼 우리가 잊어서는 안 되는 것은 기술에 대한 겸손함이다. AI와 3D 기술, 알고리즘은 언제든지 잘못된 기억을 창조할 수 있고, 오히려 역사를 왜곡할 수도 있다. 그렇기 때문에 디지털 복원은 공학이 아니라 인문학과 윤리학이 중심이 되어야 한다. 디지털 복원이란 기억을 되살리는 행위이며, 과거를 향한 존중이며, 미래 세대에 전할 수 있는 가장 정교한 메시지다. 현재까지 AI는 우리의 손에 들린 도구일 뿐이다. 진짜 중요한 것은 그 도구를 통해 무엇을, 왜 복원하는지에 대한 인간의 선택이다. 디지털 복원은 결국 인간이 과거를 기억하는 방식이며, 미래를 향해 과거를 번역하는 가장 아름다운 언어가 될 수 있다. 그렇기 때문에 향후 디지털 복원은 생성형 AI 기반 설명형 콘텐츠와 결합되어 단순 재현을 넘어 설명 가능한 유산 콘텐츠로 더욱 진화될 것이다.

참고문헌

박경신(2020). "스마트 관광을 위한 혼합현실 기반 백제 능사(陵寺) 문화유산 현장 가이드 시스템 개발", 《한국정보통신학회논문지》, 24(4).

박소연(2003). "가상현실기술을 이용한 불국사와 석굴암의 디지털 복원: 가상현실 시스템 CAVE를 중심으로", 《디자인학연구》, 52.

박소연(2008). "가상현실 기반 고구려 고분벽화의 오감체험형 콘텐츠 개발", 《디지털디자인학연구》, 8(4).
박소연·강승묵(2003). "가상현실 기반의 경기전 디지털 복원", 《정보처리학회지》, 15(3).
박소연·양종열(2003). "가상현실 기술을 이용한 문화재 디지털 복원", 《디자인학 연구》, 51.
박진호 외(2015). "석굴암 디지털화(化) 프로세스와 HMD콘텐츠 개발연구", 한국문화콘텐츠기술학회논문지.
박진호 외(2021). "석굴암 콘텐츠 발전과정에 따른 인공지능 XR메타버스 콘텐츠 제안", 《한국영상학회 논문집》, 19(4).
박진호(2000). "가상현실(假想現實) 기술을 이용한 신라왕경(新羅王京)의 복원", 신라사국제학술대회(新羅史國際學術大會) 발표논문.
박진호(2004). "아프가니스탄 바미안 석불의 디지털 복원", 전자불전연구소 제6회 세미나. 성보 문화재 콘텐츠의 필요성.
박진호(2006). "디지털 앙코르왓 프로젝트", 《전자불전》, 8.
박진호(2007). "황룡사 디지털 연구", 《정보처리학회지》, 15(3).
박진호(2008). "캄보디아 앙코르와트 디지털 복원", 《한국콘텐츠학회지,》 6(3).
박진호(2013). "신라도성(新羅都城)의 디지털 복원", 《LHI Archives》, 11.
박진호(2019). "국보 제24호 석굴암 사례로 살펴본 디지털 헤리티지 발전 단계연구", 《한국통신학회지》, 36(10).
박진호·김상헌(2016). "황룡사 디지털 복원형 가상현실 콘텐츠 개발 및 활용방안 연구", 글로벌문화콘텐츠학회 동계학술대회.
박진호·김상헌(2017). "가상현실 기술을 이용한 고구려 고분벽화 VR콘텐츠 개발과 의미", 한국콘텐츠학회 종합학술대회 논문집.
박진호·김상헌(2017). "미얀마 바간 로카테익판 사원 아카이빙 구축과 가상현실 콘텐츠 개발", 글로벌문화콘텐츠학회

하계학술대회.
박진호·김상헌(2018). "다중 체험형 가상현실 디지털 헤리티지 콘텐츠에 관한 연구, -사마르칸트 아프라시압 궁전벽화 유적 멀티스크린형 가상현실 콘텐츠 제작을 중심으로-", 한국콘텐츠학회 종합학술대회 논문집.
안형기·박진호(2021). "유네스코 세계유산 트로이 유적 층위기반 인공지능형 메타버스 콘텐츠 연구", 한국콘텐츠학회 종합학술대회 논문집.
안형기·박진호(2021). "Afghanistan Bamiyan Buddha Artificial Intelligence Restoration and Metaverse Content Developmen", 한국콘텐츠학회 국제학술대회 논문.
위상희 외(2023). "해양 문화유산 실감콘텐츠 발전 방향 연구: 신안선 실감콘테츠 사례 분석을 중심으로", 《인문콘텐츠》, 72.
한국고고환경연구소(2023). "역사도시 디지털콘텐츠 제작·활용 로드맵 연구", 문화재청.
Muhammad, T. et al.(2014). "A Conceptual Framework for Sustainable 72~88. Heritage Tourism: A Study of the Digital Reconstruction of Seokguram Grotto and Its Digital Representation.", *Journal of Sustainable Tourism.*
Park, J. & Kim, S.(2017). "Digital Representation of Seokguram Temple UNESCO World Heritage Site", *Augmented Reality and Virtual Reality : Empowering Human, Place and Business*, Springer.
Park, J. et al.(2015). "A virtual reality platform for the 3D representation of Seokguram Temple". *Digital Heritage*, 1, IEE, pp.409~410.
Park. J. et al.(2014). "The 3D Reconstruction and Visualization of Seokguram Temple World Heritage Site" In *Proceedings 20th International Conference on Virtual Systems and*

Multimedia. VSMM.

Park. J.(2012). "Digital Restoration of Seokguram Grotto: The Digital Archiving and the Exhibition of South Korea's Representative UNESCO World Heritage.", *2012 International Symposium on Ubiquitous Virtual Reality*, IEEE, pp.26~29.

Tufail, M. et al.(2022). "How do visitors perceive the significance of tangible cultural heritage through a 3D reconstructed immersive visual experience at the Seokguram Grotto, South Korea?", *Journal of Heritage Tourism*, 17(4), pp.1~22.

03

3D 스캔 기반 디지털 트윈, 문화유산 보존의 새로운 가능성

3D 스캔 기술 기반 디지털 트윈이 문화유산 보존에 기여하는 방식을 조명하며, 이 데이터를 XR 콘텐츠로 확장해 디지털 헤리티지 분야에 어떻게 활용할 수 있는지 살핀다. 2008년 숭례문 화재 당시 사전에 확보되었던 3D 스캔 데이터가 복원 과정에 기여했던 사례를 중심으로, 디지털화의 실질적 보존 능력과 응용 가능성을 실증적으로 살핀다. 디지털 트윈 기술이 VR, AR, MR을 포함한 다양한 체험형 관광 콘텐츠로 확장되는 교육 · 보존 · 관광 융합 미래형 문화유산 생태계 비전을 제안한다.

인공지능과 편향?

기억의 매개체가 디지털로 전환

문화유산은 언제나 사라질 위기 앞에 놓여 있다. 자연재해, 전쟁, 시대의 망각, 기술의 변화, 이 모든 것들이 문화유산을 침식시키고 소멸시킨다. 그래서 기록은 단순한 저장을 넘어 존재를 연장하는 실천이다. 하지만 과거의 기록 방식은 언제나 물리적 한계에 갇혀 있었다. 문서, 사진, 영화, 영상, 음반, 비디오 등 모든 매체는 손상되거나 분실될 수 있다. 디지털 아카이브는 이러한 한계를 넘어선다. 그것은 단순히 기록을 '파일화'하는 것이 아니라, 데이터를 연결하고 검색 가능하게 만들며, 시공간을 초월해 재조합할 수 있는 지식의 생태계를 구성한다. 더 나아가 AI는 3D 스캔 기반으로 탄생한 디지털 트윈 데이터를 읽고, 해석하고, 요약하고, 번역하며 새로운 콘텐츠로 확장한다. 이로써 기억은 사람에게 의존하는 '정체되고 해체될 수 있는 창고'가 아니라, 끊임없이 '작동하고 기억하는 지능적 시스템'이 된다.

그렇다면 무엇을, 어떻게 남길 것인가?

아카이빙 작업의 핵심 질문은 단순하다. "무엇을 남길 것인가, 그리고 어떻게 남길 것인가?" 유형유산의 디지털 아카이빙은 3D 스캔, 포토그래메트리, 드론 항공 촬영 등으로 물리적 구조를 남기고, 무형유산은 영상 기록, 음성 채록, 모션 캡처 등을 통해 전통 기술과 표현을 저장한다.

그러나 이 기술적 구현만으로는 충분하지 않다. 문맥과 의미의 해석이 따라야 한다. AI는 이러한 해석 작업을 돕는다. 예를 들어, 수백 건의 설화 콘텐츠 중 특정 키워드(예: 호랑이, 샤먼)가 등장하는 이야기만 추출해 비교하거나, 오랜 세월에 걸쳐 민화에 등장하는 특정 패턴을 학습해 유사도를 분류한다. 이는 인간이 놓칠 수 있는 연결을 포착하고 새로운 서사를 구축하는 단초가 된다. 또한 텍스트 기반 아카이브에서 LLM(대규모 언어 모델)은 이제 단순한 검색이 아니라 대화형 지식 탐색을 가능하게 한다. "조선 후기 불교 회화의 색채 특징은 무엇인가요?"라는 질문에 단순히 문헌 목록을 보여 주는 것이 아니라 해석된 정보로 대답하고 관련 데이터를 교차 제시할 수 있는 것이다.

숭례문 화재 사건을 통해 본 디지털 트윈의 필요성

디지털 트윈은 오늘날 문화유산 보존과 복원의 새로운 패러다임을 제시하고 있다. 특히 3D 스캔 기술을 활용한 디지털 트윈은 전통적인 기록 방식으로는 담아낼 수 없는 정밀성과 공간적 완성도를 갖추고 있으며, 실제로 숭례문의 사례는 이러한 기술의 필요성과 효과성을 입증한 대표적인 사례로 평가된다. 2008년 숭례문 화재 당시, ㈜위프코가 2002년에 실시한 3D 스캔 데이터가 원형 복원에 결정적 근거가 되었다. 이 사례는 디지털 트윈 원천 데이터가 단순한 기록을 넘어, 재난 · 소실 상황에서 실질적인 복원 자원으로 작동할 수 있음을 입증한다.

2008년 숭례문 화재는 우리의 소중한 문화유산이 얼마나 쉽게 훼손될 수 있는지를 보여 준 충격적인 사건이었지만, 사전에 확보된 3D 스캔 데이터는 이후의 복원 과정에서 결정적인 자료로 활용되었다. 이처럼 디지털 트윈은 단순한 시각화 도구를 넘어 문화유산 복원의 과학적 근거로 작용할 수 있는 실질적 가치를 지니고 있다. 특히 복원 대비 및 재현 자료로서 디지털 트윈의 역할은 문화유산 보존 전략의 핵심에 위치한다. 문화유산이 훼손되거나 유실되었을 때, 과거 상태를 되살리는 것은 대부분의 경우 불가능에 가깝다. 그러나 만약 정밀하게 스캔된 디지털 트윈 데이터가 존재한다면, 이는 원형의 복원 또는 최대한 유사한 형태로의 재현을 가능하게 하는 과학적 근거로 기능할 수 있다. 물론 모든 고증이 완벽하게 이뤄지기는 어렵지만, 기존 설계도, 사진, 기록물 등 다양한 자료와 3D 스캔 데이터를 조합함으로써 과거에 가까운 형태로 복원이 가능해진다. 디지털 트윈은 이처럼 실물 유산의 존재 여부와 관계없이 문화적 가치와 구조적 특성을 영구적으로 기록하고 보존할 수 있는 수단이 된다.

디지털 트윈을 넘어 디지털 체험까지 가능

또한 장기 보존과 접근성의 확보라는 측면에서도 디지털 트윈은 기존 문화재 보존 방식과 뚜렷한 차별성을 지닌다. 실물 문화유산은 보존에 비용이 많이 들고, 항상 훼손 가능성에 노출되어 있으며, 일반 대중이 접근하기 어려운 경우도 많다. 반면 디지털 트윈은 물리적 제약에서 벗어나 안정적으로 저장 · 보관될 수 있으며, 온라인 플랫폼을 통해 언제 어디서든 공유되고 접근할 수 있다. 타이태닉 호의 디지털 재현 사례처럼, 더 이상 물리적으로 접근이 불가능한 유산이라도 가상 환경을 통해 전 세계의 누구나 경험하고 학습할 수 있는 기회를 갖게 된다. 이러한 가능성은 곧 디지털 트윈의 활용 영역 확대로 이어진다.

첫째, 교육 및 연구 분야에서는 디지털 트윈이 역사적

자료로 활용되며, 건축적 분석이나 문화재 보존 기술 개발의 기초 자료로 사용된다. 학생들은 학교에서 교과서 대신 실감형 디지털 자료로 유산을 체험하고, 연구자들은 복잡한 구조를 3D 데이터로 분석하며 문화사적 의미를 심층적으로 탐구할 수 있다.

둘째, VR · AR 기술을 활용한 디지털 콘텐츠 제작에서도 디지털 트윈은 매우 중요한 중심 역할을 한다. 예를 들어 숭례문의 원형에 대한 3D 스캔을 기반으로 한 가상현실 콘텐츠를 제작하면, 관람객은 과거 숭례문을 실제처럼 체험하거나, 화재 전과 후의 변화를 비교해 보며 문화유산 복원의 과정을 생생하게 느낄 수 있다. 이는 단순히 문화유산을 '보는 것'에 그치지 않고, 그 '변화와 역사적 맥락'을 함께 체험하게 하는 몰입형 경험으로 발전할 수 있다.

셋째, 이러한 콘텐츠는 대중 전시와 인터랙티브 체험에도 적용된다. 실내외 전시관에서 XR 기술과 결합한 디지털 트윈 콘텐츠를 통해 관람객은 마치 현장에 있는 듯한 느낌을 받으며, 복원의 과정과 역사적 배경을 입체적으로 이해할 수 있게 된다. 특히 비대면 시대와 같은 사회적 제약 상황에서도 이러한 콘텐츠는 교육과 감상의 연속성을 보장해 준다.

넷째, 재난 대응 시뮬레이션에서도 디지털 트윈은 실질적 도구가 될 수 있다. 화재, 지진, 홍수 등 자연재해나 인위적 재난이 발생했을 때 디지털 트윈은 문화유산의 변화를 분석하고 피해를 예측하거나 복원 방향을 미리 설계하는 시뮬레이션 자료로 사용될 수 있다. 이는 재난 대응 매뉴얼을 수립하고 정책을 결정하는 데에도 큰 도움이 될 수 있다.

이러한 모든 가능성을 종합하면, 디지털 트윈은 단순한 기술적 옵션이 아니라 미래형 문화유산 관리의 핵심 인프라로 자리 잡아야 한다. 이는 실물 문화재가 지닌 시간성과 공간성의 한계를 뛰어넘어, 모든 사람에게 접근 가능하고 이해 가능한 형태로 문화유산을 제공할 수 있는 '디지털 기억의 플랫폼'이 된다. 더욱이 이미 훼손되었거나 존재하지 않는 유산까지도 디지털로 복원하고 해석함으로써 인간의 문화적 자산을 시간과 공간 너머로 보존하고 확장해 나가는 것이 가능하다. 그러므로 디지털 트윈은 21세기 문화유산 보존·활용 전략의 중심축이다. 기술을 통해 과거를 저장하고, 현재를 이해하며, 미래를 준비하는 일. 그것이 바로 문화유산 3D 스캔의 가장 큰 의의이며, 숭례문을 통해 우리가 배운 가장 값진 교훈이다.

VR·AR을 위한 3D 스캔 및 디지털 트윈 기술의 의미

가상현실(VR)과 증강현실(AR)은 인간의 감각을 확장하고 새로운 형태의 몰입을 가능케 하는 기술로 자리매김하고 있다. 그러나 진정한 몰입은 고성능 디스플레이나 센서를 통해서만 이뤄지는 것이 아니다. 몰입의 깊이를 결정짓는 본질은 현실을 얼마나 정밀하고 사실적으로 가상에 재현하느냐에 달려 있다. 이때 문화유산 재현에 가장 핵심적인 역할을 하는 것이 바로 3D 스캔 기술과 디지털 트윈 기술이다.

3D 스캔은 물리적 실재의 형상, 질감, 크기 등을 정밀하게 디지털 데이터로 전환함으로써 현실의 구조물을 가상 공간에 충실히 재현할 수 있도록 한다. 디지털 트윈은 이 스캔된 데이터를 기반으로 원본의 물리적 속성과 행동을 가상 공간에 쌍둥이처럼 복제한 디지털 객체다. 이 둘은 단지 기술적 보조 도구가 아니라 가상현실 콘텐츠의 사실성과 인터랙티브성을 보장하는 핵심 인프라로 기능한다.

석굴암 3D 스캔으로 살펴본 석굴암 디지털 트윈의 효용성

석굴암은 8세기 통일신라 재상 김대성이 만든 이래 지난 1300년을 견뎌 왔다. 그러다 지난 1980년대에 보존상의 이유로 석굴암 입구에 거대한 유리창이 세워졌다.

그 후 2007년과 2011년 두 차례에 걸쳐 석굴암 3D 스캔 작업이 이루어졌고, 이 작업물을 바탕으로 2015년 경주 세계문화엑스포 당시 '석굴암 HMD 트래블 체험관'이라는 이름으로 '석굴암 VR 콘텐츠'가 선보였고 이후 10년 넘게 운영 중이다. 실제 석굴암은 보호를 위해 내부 출입이 제한되어 있지만, 디지털 복원 데이터를 기반으로 구축된 VR 콘텐츠에서는 관람객이 본존불 바로 앞까지 다가갈 수 있다. 조명의 각도, 내부 음향, 연기의 흐름까지 정밀하게 재현된 가상 공간은 단순한 정보 전달을 넘어 '감각적 신성함'을 구현한다. 관객은 VR 석굴암 체험을 통해 진짜로 석굴암에 들어온 것 같은 느낌을 받는다. 몰입성이 큰 탓인지 어떤 체험자는 가상의 석굴암 본존불에 합장을 하는 웃지 못할 진풍경이 연출되기도 한다. 더 나아가 2022년에는 석굴암 XR까지 등장했는데, JTBC의 간판 교양 프로그램 〈차이나는 클라스〉에서 XR 기술을 선보이기도 했다.

기자 피라미드 디지털 트윈을 피라미드 XR 체험형 콘텐츠로 확장

쿠푸 왕의 피라미드 VR로 불리는, 이집트 피라미드 가상현실 재현은 하버드 대학의 피터 뮬란 교수팀에 의해 이루어진 피라미드 내부 3D 스캔 데이터를 바탕으로 프랑스 디지털콘텐츠 기업인 큐리오시티에서 매우 정밀하게 제작한 VR 콘텐츠다. 이미 전 세계 10개 이상의 도시를 순회하는 VR 디지털 전시를 통해 총 200만 명 이상의 유료 관람객을 기록했다.

상호작용성과 사용자 참여의 확장

VR · AR 콘텐츠에서 인터랙티브 기능은 사용자의 몰입경험을 결정짓는 요소다. 디지털 트윈 기술은 단순한 시각적 복제에서 나아가, 객체의 물리적 반응과 기능을 반영할 수 있게 한다. 이런 디지털 트윈을 적용한 가상의 문화유산은 실제 오프라인 공간과 연동되어 실제처럼 작동할 수 있다.

이는 교육 콘텐츠나 시뮬레이션 훈련에 특히 유용하다. 예컨대 소방 훈련 VR에서는 건축 구조물의 디지털 트윈을 기반으로 실제 화재 발생 조건과 반응을 시뮬레이션할 수 있고, 고고학 콘텐츠에서는 과거 유적을 디지털화해 사용자에게 체험형 학습의 장을 제공할 수 있다. VR · AR 콘텐츠는 이제 문화 분야를 넘어 건축, 의학, 산업, 국방 등 다양한 분야로 확장되고 있다. 이러한 산업적 활용에서 3D 스캔과 디지털 트윈은 객체의 실시간 감지, 구조 분석, 정밀 시뮬레이션 등 다양한 기능을 구현하는 데 필수 요소다. 더 나아가 건축 분야에서는 설계 전후 비교와 시공 검수에, 의료 분야에서는 환자 맞춤형 해부 구조 시각화에, 제조업에서는 제품의 정밀 검수와 가상 시운전에 활용된다. 이는 기술 그 자체보다 데이터 기반의 정확성과 신뢰성이 핵심임을 보여 준다.

기록·보존·재현 수단으로서의 가치

3D 스캐닝은 특히 복잡한 형태와 역사적 가치가 있는 오브젝트에 대한 데이터를 단순 모델링보다 훨씬 빠르고 정확하게 구축할 수 있다. 그 결과로 제작 시간 단축, 정확도 향상, 그리고 무엇보다 콘텐츠 품질의 큰 향상이 이루어진다. 3D 스캔을 통한 정밀 모델링은 시각적 충실도를 높인다.

아울러 문화유산, 전통 건축, 도시 환경을 스캔해 VR로 구현하면, 사용자는 실제 현장에 서 있는 듯한 몰입감을 느낄 수 있다. 이는 게임, 교육, 관광, 산업 훈련 등 다양한 VR 콘텐츠에서 사용자의 심리적 현실감과 공간 인지력을 높이는 효과를 가져온다. 그래서 3D 스캔과 디지털 트윈은 문화유산 보존과 재난 대비를 위한 디지털 복제 기술로 주목받고 있다. 현실의 오브젝트나 공간이 훼손되거나 사라진 뒤에도, 3D 데이터가 존재한다면 이를 기반으로 VR · AR 콘텐츠로 재현하거나 복원 시뮬레이션이 가능하다.

이와 같은 디지털 보존은 숭례문 복원 사례처럼 현실에서 이미 그 필요성과 효과를 증명하고 있다. 향후 자연재해, 전쟁, 노후화 등 다양한 리스크에 대비한 디지털 자산 관리가 가능해지는 셈이다.

VR·AR 콘텐츠의 본질은 디지털로 '이어 가는' 기술에 달림

결국 VR과 AR은 현실을 디지털로 '재해석'하는 기술이 아니라, 디지털로 '이어 가는' 기술이다. 이를 위해 3D 스캔은 시각적 정밀성을, 디지털 트윈은 기능적 정합성을 제공한다. 이 두 기술이 융합될 때 비로소 사용자는 단순한 체험을 넘어 진정한 몰입과 상호작용의 세계로 진입할 수 있다.

앞으로 VR · AR 콘텐츠는 단순히 가상 공간을 구축하는 것이 아니라 디지털로 현실의 기억을 축적하고 미래의 자산으로 전환하는 플랫폼으로 진화할 것이다. 그 중심에는 언제나 현실을 닮은 디지털 쌍둥이, 바로 3D 스캔과 디지털 트윈이 있을 것이다.

보존과 접근, 그 사이의 균형

모든 기록은 보존되어야 하지만, 기록은 또한 접근 가능해야만 가치가 있다. 디지털 트윈의 강점은 바로 이 지점에서 빛이 난다.

언제, 어디서든, 누구든 원칙적으로는 전 세계인이 동일한 문화유산에 접근할 수 있는 조건이 마련된 것이다. 예를 들어 국가유산청(구 문화재청)은 수십만 건의 문화유산 관련 데이터를 무료 다운로드 가능한 형태로 공개해 연구자, 개발자, 시민이 자유롭게 사용할 수 있도록 하고 있다. 이는 '지식의 대중 공공화'이자 '문화유산의 민주화'를 이룬 것이다.

하지만 모든 정보를 무조건적으로 개방할 수는 없다. 저작권, 개인정보, 신성성 등의 문제가 얽혀 있다. 특히 무형유산 중 지역 공동체의 구술 기록이나 세습적 전통은 윤리적 고려 없이 디지털화되었을 때 오히려 파괴적 결과를 초래할 수 있다. AI가 자동 수집 · 분석한 정보가 공동체의 정체성과 충돌할 경우, 그것은 디지털 기술이 만들어 낸 '2차 식민화'로 이어질 수 있다.

따라서 3D스캔 기반의 디지털 트윈 기술은 기술보다 먼저 사회적 합의와 문화적 감수성을 바탕으로 설계되어야 한다. AI가 아무리 빠르고 정확하게 분석하더라도, 그것이 '기억의 정당성'을 보장하지는 않기 때문이다.

기억의 미래는 이제 AI를 넘어서려 한다

인간은 기억하기 위해 기록하고, 남기기 위해 저장한다. 기록은 곧 존재의 증거이며, 기억은 존재의 지속이다. 문화유산이 단지 오랜 시간의 흔적이 아니라 오늘의 사회와 내일의 인류를 잇는 자산이라면, 그 유산을 지키는 가장 근본적인 방식은 '기록'일 것이다. 그것이 바로 디지털 트윈이다.

그리고 21세기, 우리는 이제 이런 디지털 트윈을 디지털 기술로 확장하고, 인공지능으로 진화시키는 시대에 들어선 것이다. 이제 디지털 트윈은 AI와 함께 새로운 형태의 문화적 미래를 설계하고 있다. 실감형 콘텐츠, 인터랙티브 전시, 메타버스 플랫폼 등 이 모든 것의 뿌리는 결국 잘 구축된 디지털 트윈에서 시작한다.

궁극적으로 디지털 트윈은 '과거를 저장하는 기술'이

아니라 '기억을 구성하는 방식의 패러다임'이다. 그것은 한 사회가 무엇을 기억하고, 무엇을 잊기로 했는가에 대한 문화적 선택의 결과다. AI는 그 선택을 확장시킬 수는 있지만, 대신해 줄 수는 없다. 기억은 오롯이 사람의 것이기 때문이다.

참고문헌

문승현(2011). "미륵사지 석탑 정밀복원무형 제작을 중심으로 한 3차원 실측데이타의 활용연구", 헤리티지: 역사와 과학, vol.44, no.2, 통권 52호.

박소연·박진호(2004). "3차원 아카이브(archive)기술과 로우폴리곤(low-Polygon) 모델링을 이용한 Seemore (Cave-like)용 VRContents 개발", 한국HCI학회 학술대회 논문.

박진호 외(2021). "석굴암 콘텐츠 발전과정에 따른 인공지능 XR메타버스 콘텐츠 제안", 《한국영상학회 논문집》, 19(4).

박진호(2019). "국보 제24호 석굴암 사례로 살펴본 디지털 헤리티지 발전 단계연구", 《한국통신학회지》, 36(10).

안대환(2013). "목조 건축문화재의 실측조사 보고서 작성을 위한 3D 스캔데이터의 활용 개념과 한계", 《대한건축학회논문집》, 29(9).

안아영(2019). "문화유산 3차원(3D) 디지털 기록의 보존에 관한 연구, 부산대학교 대학원 석사학위 논문.

안은영(2012). "건축정보모델링 방식에 의한 숭례문 부재 개발과 3D복원", 《멀티미디어학회 논문지》, 15(3).

안형기·박진호(2021). "유네스코 세계유산 트로이 유적 층위기반 인공지능형 메타버스 콘텐츠 연구", 한국콘텐츠학회 종합학술대회 논문집.

유동환(2013). "디지털 문화유산 연구의 현황과 전망", 《문화콘텐츠연구》, 3.

이소연(2013). "국내 디지털 보존 연구의 동향 분석", 《한국기록관리학회지》, 13(2), pp.247~283.

이승민(2015). "디지털 아카이빙을 위한 보존 메타데이터 패키지 구축", 《정보관리학회지》, 32(3), pp.21~47.

조인제(2015). "3차원 스캐닝 기술 기반 디지털 문화유산의 데이터 유형 및 적용범위 고찰", 중앙대학교 예술대학원 석사학위논문.

04
가상현실, 과거와 현재를 넘나드는 디지털 타임머신

문화유산은 그 자체로 위대한 이야기다. 팬데믹이 종식되면서 프로젝션 매핑이나 LED 등의 디스플레이 기술을 활용해 문화유산의 외향을 재현한 단순한 시청각적 정보 중심의 콘텐츠보다는 더 몰입 가능한 방법으로 체험하기를 요구하는 관람객이 증가함에 따라 가상현실 기술을 이용한 디지털 헤리티지 콘텐츠 제작과 도입 필요성이 증대되고 있는 실정이다.

청각장애인과 AI?

문화유산 가상현실 체험의 장점

디지털 기술의 발전은 문화유산을 보존하고 향유하는 방식을 근본적으로 변화시켰다.

그동안 국내의 디지털 헤리티지 사업은 주로 문화유산의 원형을 기록하고 역사적 맥락을 전달하는 데 초점을 맞췄다. 하지만 대부분의 프로젝트는 프로젝션 매핑이나 대형 디스플레이와 같은 시각 중심의 전시 방식에 머물렀고, 관람객의 참여는 수동적이었다. 이러한 한계는 정보 습득의 깊이를 제한하고, 상호작용을 통한 몰입형 체험으로 이어지지 못했다.그러던 중 코로나19 팬데믹은 문화유산 전시의 환경을 완전히 바꿔 놓았다.

일반적인 박물관이나 유적지 방문이 제한되고, HMD (Head-Mounted Display) 착용마저 어려워지면서 기존 전시 방식은 위축되었지만, 동시에 가상현실(VR) 기술이 새로운 대안으로 부상했다. VR은 단순히 문화재를 디지털로 시각화하는 기술이 아니라, 시공간의 제약을 넘어 문화유산을 직접 '체험'하게 하는 도구로 인식되기 시작했다.

문화유산 VR이 왜 주목받는가

VR 기술은 현실과 유사한 몰입형 경험을 제공할 수 있는 매체다. 이를 통해 문화유산은 단순히 보존의 대상이 아니라 시각화된 역사, 체험 가능한 예술, 참여형 학습의 장으로 새롭게 재구성된다. 특히 역사적 공간이나 이미 사라진 유적을 재현하고, 그 안에서 관람객이 직접 걸으며 상호작용할 수 있다는 점은 기존 전시 기술과 본질적으로 다른 차원의 경험을 제공한다.

다만 코로나 이전까지는 고가의 장비 비용, 짧은 배터리 수명, 낮은 렌더링 속도, 폐쇄적 플랫폼 구조와 보안 문제 등으로 인해 본격적인 확산이 어려웠다. 그러나 최근 위치 기반 다중 참여 솔루션 기술이 발전하면서 VR은 단순히 보는 기술을 넘어, 소통하고 공감하는 문화유산 경험 플랫폼으로 진화하고 있다.

이집트 피라미드 VR의 상업적 성공사례

2022년 6월 프랑스 파리에서 첫 공개된 후 전 세계 20개 도시에서 디지털 순회 전시를 하면서 지금까지 200만 명 이상의 관람객을 기록한 〈쿠푸왕의 피라미드(Horizon of Khufu)〉라는 가상현실 콘텐츠가 있다. 우리나라에서도 서울 용산 전쟁기념관 특별전시실에서 2025년 3월 27일 전시를 시작해 2026년 3월까지 지속될 예정이다.

쿠푸의 피라미드로도 명명된 이집트 카이로 기자의

대피라미드는 총 146미터의 높이로, 현존하는 이집트 피라미드 중 가장 큰 초대형 피라미드다. 세계 7대 불가사의 중 하나인 이 피라미드를 〈쿠푸왕의 피라미드〉를 통해 체험할 수 있다.

4500년 전 시간과 공간을 넘나드는 피라미드 VR 여행

약 50분에 가까운 몰입형 VR 탐험 콘텐츠인 〈쿠푸왕의 피라미드〉를 통해 관람객은 이집트 기자 평원을 마치 새가 된 듯 비행하며, 피라미드 꼭대기 지점까지 올라가 주변 전경을 360도 파노라마로 감상할 수 있다.

또한 피라미드 내부의 복도와 매장실을 탐험하며, 파라오의 숨겨진 공간을 발견하고, 나일 강을 건너는 거대 목선을 탈 수도 있다.

프랑스 기업 익스큐리오(Excurio)가 제작한 이 가상현실 몰입형 탐험은 방문객들의 동시 체험이 가능하며 시간과 공간을 넘나드는 타임머신 여행을 가능케 해주고 있다.

또한 이 가상현실 몰입형 탐험은 종래 디지털 헤리티지 연구 성과와 가상현실이 결합된 선례를 잘 보여 주고 있다. 하버드대학교 이집트학 연구자인 피터 데 마뉴엘

리안(Peter Der Manuelian) 교수 팀이 지난 2010년부터 수행해 온 '기자 프로젝트(Giza Project)'에서 진행한 3D 스캔 데이터를 바탕으로 설계된 이 체험은, 단순 문화유산 체험에서 확장되어 엔터테인먼트 효과까지 가미해 VR 체험자들을 만족시켜 주고 있다.

가상현실 문화유산, 보는 유산에서 '체험 가능한 유산'으로 변모

현대의 문화유산 VR 콘텐츠는 시각적 재현을 넘어서, 청각 · 촉각 · 공간 인식 등 다양한 감각을 통합한 다중 감각형(멀티모달) 체험으로 발전하고 있다. 관람객은 단순히 화면 속 유물을 보는 것이 아니라, 그 속을 걸으며 소리를 듣고, 공간의 깊이를 느끼며, 자신의 행동에 반응하는 환경 속에서 '유산의 일부'가 된다. 이러한 '체화된 경험(Embodied Experience)'은 문화유산에 내재된 의미와 가치를 감각적으로 이해하게 만들며, 과거와 현재의 경계를 허문다. 또한 VR은 디지털 네트워크를 기반으로 전 세계 사람들이 같은 공간 안에서 함께 유산을 탐험하고 소통할 수 있는 공유형 문화 경험을 가능하게 한다. 결국 VR은 단순한 기술이 아니라, 기억을 복원하고, 감정을 연결하는 문화적 매개체로 진화하고 있다.

따라서 VR 기술의 본질은 단순히 실제를 복제하는 데 있지 않다. VR은 인간의 감각, 기억, 감정을 디지털 공간 속에서 다시 조직하며, 이러한 보존과 체험이 공존하는 새로운 형태의 문화 향유를 만들어 낸다. 과거에는 문화유산이 보는 대상이었다면, 이제는 관람자가 그 안으로 들어가 함께 존재하는 주체가 되고 있는 것이다.

더 나아가 최근 몇 년 사이 VR 기술은 단순한 시각화 단계를 넘어 다중 감각형(Multi-sensory) 체험을 가능하게 하는 방향으로 진화하고 있다. 청각, 촉각, 공간, 더 나아가서는 향기와 온도까지 구현되기 때문에 앞으로 관람자는 '보는 사람'이 아니라 '감각을 느끼는 사람'이 될 것이다.

이러한 변화의 중심에는 위치 기반 다중 참여 솔루션 기술이 있다. 이 기술은 다수의 사용자가 하나의 가상공간에서 동시에 상호작용할 수 있도록 함으로써, 문화유산을 단독 감상의 대상이 아니라 공유와 소통의 장으로 확장한다. 관람객 여러 명이 동시에 고대 사원이나 오래된 성당을 같이 탐험하거나, 복원된 궁궐의 잔치 장면 속에서 역할을 수행할 수 있다면 그 경험은 단순한 학습이 아닌 '공감의 역사 체험'으로 남게 된다.

결국 VR은 기술의 진보를 넘어, 영상의 민주화를 이

끌고 있다. 누구나 시간과 공간의 제약 없이, 디지털 속에서 과거를 '함께 체험할 수 있는 시대'가 열린 것이다. 이렇게 앞으로 관람자는 가상공간 속에서 걷고, 듣고, 손끝으로 느끼며, 그런 움직임에 반응하는 세계 속에서 스스로의 경험을 만들어 간다. 이것이 바로 VR 문화유산이 지닌 가장 본질적인 가치다. 기억은 정적인 데이터가 아니라 감각을 통해 다시 살아난다. 한마디로 말한다면 가상현실 문화유산은 체화된 역사(embodied history)가 되는 것이다.

향기 나는 가상현실 단계로의 발전

오늘날 VR은 시각과 청각 중심의 기술에서 점차 오감 체험형 기술로 진화하고 있다. 그중에서도 특히 '향기 나는 가상현실', 즉 후각을 결합한 VR은 몰입형 경험의 새로운 전환점을 보여 주고 있다.

시각과 청각만으로 구성된 기존 가상현실은 과거 문화유산 재현 현장의 공기감이나 분위기를 완전히 전달하기 어렵다. 그러나 향기가 더해질 경우 사용자는 공간의 온도나 정서까지 느끼는 듯한 감각적 확장을 경험하게 된다.

향기가 가상현실에 필요하다고 여겨지는 이유는 분명

하다. 인간의 후각은 기억과 감정에 직접 연결되어 있기 때문이다. 특정 향기를 맡았을 때 과거의 장면이 떠오르거나 감정이 되살아나는 경험은 누구나 가지고 있다. 이처럼 향기는 단순한 감각이 아니라 감정적 기억의 매개체로 작용한다. 따라서 가상현실에 향기를 통합하면, 그 공간의 장면이 훨씬 더 생생하고 오래도록 기억에 남는다. 예를 들어 바닷가 VR 체험에서 파도 소리와 함께 짠내가 섞인 바람의 향기가 더해지면, 사용자는 실제로 해변에 서 있는 듯한 생동감을 느끼게 된다.

현재 세계 각지에서는 향기 VR 기술에 대한 연구와 상용화가 활발히 진행되고 있다. 이러한 기술적 진보 덕분에 향기는 보조적 장치가 아니라 가상공간의 몰입도를 결정짓는 핵심 요소로 부상하고 있다.

향기 VR의 효과는 여러 측면에서 주목할 만하다. 우선 향기가 더해진 VR은 감각의 다중화를 통해 몰입도를 극대화한다. 사용자는 단순히 '보는' 체험에서 벗어나 '냄새로 느끼는' 감각적 실재감에 도달한다. 또한 향기는 감정과 기억을 자극하여 체험의 인상과 지속성을 강화한다.

문화유산에 적용되기 전부터 이미 향기 VR은 의료, 치유, 심리 치료 영역에서도 응용 연구가 오랫동안 진행되었다. 실제로 향기를 활용한 심리 안정 프로그램이나 PTSD 완화 실험이 여러 연구 기관에서 이루어지고 있으며, 상업적 분야에서는 브랜드 체험관이나 박람회에서 향기 VR을 이용해 관람객에게 잊지 못할 인상을 남기고 있다.

흥미로운 사례로는 지난 2018년 영국 글래스고대학에서 진행된 '메이플라워호 가상현실 항해 체험'이다. 이 프로젝트에서는 17세기 신대륙으로 항해하던 메이플라워 호의 환경을 재현하기 위해 시각과 음향뿐 아니라 향기 요소를 도입했다. 배 안의 나무 냄새, 바닷바람의 염분기, 선원들의 생활 냄새 등이 가상현실 속에서 재현되어, 참가자들은 마치 실제 선상에 오른 듯한 현실감을 느낄 수 있었다. 이 실험은 후각이 단순한 감각이 아니라 역사적 체험의 정서적 깊이를 더하는 중요한 매개임을 보여 준다.

결국 '향기 나는 가상현실'은 인간의 감각을 온전히 복원하려는 기술적 진화의 결과이자, 디지털 경험을 인간적인 차원으로 확장하는 시도라 할 수 있다. 향기는 가상공간에 생명력을 불어넣고, 기억과 감정을 자극하며, 체험의 깊이를 결정짓는 마지막 퍼즐이다. 앞으로의 가상현실이 '보는 세계'에서 '느끼는 세계'로 진화하는 그 중심에는 바로 이 향기의 기술이 자리하게 될 것이다.

문화유산 가상현실의 한계와 과제

이런 가상현실 문화유산이 본격적으로 확산되기 위해서는 몇 가지 핵심 과제가 남아 있다.

첫째, 기술적 인프라의 개선이다. 종래 VR 기기의 문제로 지적되던 가격, 배터리 수명, 이미지 렌더링 속도, 보안 문제, 성능 반도체 및 초고속 네트워크 인프라 구축 등이 여전히 개선되어야 한다. 이를 위해 정부, 산업계, 학계의 산학연 협력 체계가 필수적이다.

둘째, 사용자 경험(UX) 중심의 설계가 필요하다. 기술 간 연결성과 통합을 촉진하고, 누구나 쉽게 사용할 수 있는 직관적인 인터페이스를 개발해야 한다. 특히 다양한 연령대와 문화적 배경을 고려한 맞춤형 콘텐츠 디자인이 중요하다.

셋째, 체험 중심의 콘텐츠 기획이 강화되어야 한다. 단순한 정보 제공에서 벗어나 오락성과 감정적 몰입을 결합한 전시 환경이 필요하다. 관람객이 주체적으로 스토리에 참여할 수 있도록 게임적 요소와 상호작용형 내러티브를 도입하는 것이 효과적이다.

넷째, AI과의 융합이다. 전통적으로 가상현실 콘텐츠

의 제작 방식은 360도 카메라로 실사를 촬영하거나, CG 3D 모델링 방식으로 유니티나 언리얼 프로그램을 통해 만들어왔다. 그러나 AI 시대에는 생성형 AI를 통해 가상현실 콘텐츠 제작도 가능하다.

이런 생성형 AI 기술로 가상현실 콘텐츠를 만든다면 가상현실 산업 전반에 매우 큰 혁명을 이룰 수 있을 것이다. 생성형 AI는 텍스트, 이미지, 영상, 음성을 즉시 생성할 수 있는 능력이 있다. 이러한 기술들이 VR과 결합하면, 관람자의 감정이나 반응에 따라 스토리와 환경이 실시간으로 변화하는 인공지능적 체험이 가능해진다.

이제 AI는 이제 단순한 분석 도구가 아니라, 콘텐츠를 함께 창조하는 예술적 파트너로 진화하고 있다. VR 환경에서 AI는 관람자의 감정과 반응을 분석해 스토리의 전개를 실시간으로 조정하거나, 개인의 취향에 맞는 문화적 해석을 제공할 수 있다. 이른바 '인공지능형 문화유산(AI-Adaptive Heritage)' 시대가 도래하고 있는 것이다.

가상현실과 인공지능의 미래

VR 문화유산의 미래는 단일한 기술 발전이 아니라, 체화형(Embodied), 참여형(Participatory), 지능형(AI)이라는 세 가지 키워드의 융합으로 요약된다.

VR이 몰입을 이끌며, 관객은 직접 참여해 경험을 만들고, AI가 해석을 담당하게 될 것이다. 그 결과, 문화유산은 더 이상 박제된 과거가 아니라 현재 속에서 끊임없이 재생산되고 공유되는 살아 있는 기억이 된다. 또한 유럽의 '유러피아나(Europeana)'처럼 향후 한국형 'K-헤리티지(K-Heritage) 클라우드' 플랫폼이 구축될 수 있다면, 누구나 3D 데이터를 열람하고, 전 세계 연구자와 시민이 함께 복원과 해석에 참여하는 '가상현실 오픈 헤리티지 생태계'까지 발전해 나갈 것이다. 이러한 흐름은 결국 "문화유산의 민주화(Democratization of Heritage)"라는 디지털 시대의 새로운 이상으로 귀결된다.

결론적으로 가상현실은 단순히 과거를 재현하는 기술이 아니다. 그것은 인간이 기억을 새로운 형태로 경험하는 방법이다. 과거의 건축물이 불타 없어지고 프레스코 벽화가 바래도 그 흔적이 인공지능 빅데이터의 빛 속에서 다시 태어나는 것이다. 이렇듯 가상현실은 단지 과거를 복원하는 것에 국한되는 것이 아니라 미래를 기억하는 또 다른 방식의 창조로 볼 수 있다. "기억은 사라지지 않는다. 다만 형태를 바꿀 뿐이다"라는 말로 요약할 수 있다.

따라서 가상현실은 그 형태를 바꾸는 기술이며, AI는

그 기억을 해석하는 언어다. 그리고 우리 인류는 이 둘을 통해 과거의 '잃어버린 시간'을 되찾게 되는 것이다.

참고문헌

김기홍(2024). "HMD기반 다중감각 가상박물관 유물전시 체험 시스템 디자인 방법", 한국전통문화대학교 박사학위 논문.

박재연(2021). "1874년 4월 15일, 인상주의 탄생", 《프랑스사연구》, 45.

박진호 외(2021). "석굴암 콘텐츠 발전과정에 따른 인공지능 XR메타버스 콘 텐츠 제안", 《한국영상학회 논문집》, 19(4).

박진호(2019). "국보 제 24호 석굴암 사례로 살펴본 디지털헤리티지 발전 단계연구", 《한국통신학회》, 36(10).

박진호(2021). "디지털 문화유산 유형 연구", 상명대학교 박사학위 논문.

박진호(2021). "태봉국 도성 메타버스 및 궁예 디지털 휴먼 개발", 《태봉학회(泰封學會)》.

박진호·김상헌(2016). "황룡사 디지털 복원형 가상현실 콘텐츠 개발 및 활용방안 연구", 글로벌 문화콘텐츠학회 동계학술대회.

박진호·김상헌(2017). "가상현실 기술을 이용한 고구려 고분벽화 VR콘텐츠 개발과 의미", 《한국 콘텐츠학회 종합학술대회 논문집》.

박진호·김상헌(2017). "미얀마 바간 로카테익판 사원 아카이빙 구축과 가상현실 콘텐츠 개발", 글로벌문화콘텐츠학회 하계학술대회.

박진호·김상헌(2017). "진시황릉병마용갱의 가상현실에 의한 디지털 콘텐츠화 방안", 한국글로벌문화콘텐츠학회 학술대회.

박진호·김상헌(2018). "다중 체험형 가상현실 디지털헤리티지 콘텐츠에 관한 연구, 사마르칸트 아프라시압 궁전벽화 유적 멀티스크린형 가상현실 콘텐츠 제작을 중심으로", 《한국콘텐츠학회 종합학술대회 논문집》.

신현준·한정엽(2022). "XR 기술 기반 체험 콘텐츠의 유형 및 특성 연구 – 국립박물관의 대표 사례를 중심으로", 《한국공간디자인학회 논문집》, 19(4).

안형기·이용규(2024). "XR 기술을 이용한 공주 근대문화유산의 가치 재현과 활용", 《글로벌문화콘텐츠》 60.

안형기·박진호(2021). "유네스코 세계유산 트로이 유적 층위기반 인공지능형 메타버스 콘텐츠 연구", 《한국콘텐츠학회 종합학술대회 논문집》.

위상희 외(2023). "해양 문화유산 실감콘텐츠 발전 방향 연구 – 신안선 실감콘텐츠 사례 분석을 중심으로", 《인문콘텐츠》, 72.

05
AI와 XR 콘텐츠, 유산은 보는 것이 아니라 느끼는 것

가상현실 기술을 넘어 확장현실(XR)에 이르기까지 인공지능을 결합한다면 콘텐츠의 몰입성, 상호작용성, 맞춤형 정보 제공 등이 더욱 향상될 것이다. 생성형 AI와 디지털 복원 기술은 실존하지 않았던 유물이나 장소의 가상 시뮬레이션을 통해 잃어버린 문화유산에 대한 '가상의 기억'을 생성할 수 있다. 이는 단지 현실의 모사를 넘어 문화적 상상력과 창조성의 영역으로까지 디지털 헤리티지를 확장하는 계기다.

AI 콘텐츠 크리에이터?

VR에서 XR까지 문화유산 체험의 패러다임 전환

"이제 문화유산을 사진으로 남기지 않는다. 그 속에서 셀카를 찍는다." 이 말은 가벼운 농담 같지만, 문화유산을 소비하고 체험하는 방식의 전환을 정확히 보여 준다. XR 기술의 확산은 유산의 '물리적 거리'를 제거했고, AI 기술은 그 유산을 '개인화된 이야기'로 재구성했다.

디지털 기술의 비약적인 발전은 문화유산 분야의 보존과 활용, 그리고 대중 참여 방식에 중대한 변화를 가져왔다. 특히 증강현실(AR), 가상현실(VR), 혼합현실(MR)을 아우르는 확장현실(XR) 기술은 실제와 가상 환경을 유기적으로 결합해 과거와 현재를 잇는 몰입형 경험을 가능하게 한다. COVID-19 팬데믹은 이러한 흐름을 가속화했다. 박물관과 유적지의 대면 관람이 제한되면서 비대면 · 비접촉 콘텐츠 수요가 폭발적으로 증가했고, 물리적 장벽을 넘어설 수 있는 XR 기술이 문화유산 향유의 핵심 수단으로 부상했다. 기존의 프로젝션 매핑이나 단순 시청각 재현 방식은 현장 의존도가 높고 상호작용성이 제한적이었으나, XR은 가상 복원과 온라인 전시, 실시간 상호작용을 통해 시공간 제약을 해소하고 대중의 능동적 참여를 촉진하는 방향으로 진화하고 있다.

프랑스 XR 기업 익스큐리오의 〈쿠푸왕의 피라미드〉는 이집트 기자 대피라미드 내부를 역사 고증에 기반해 1:1 비율로 가상 재현하고, 다중 사용자가 동시에 체험할 수 있는 시스템을 구현했다. VR 참가자는 피라미드 발굴 당시로의 시간여행 모드를 통해 이집트 고왕국 시대를 오가며, 가상 고고학자 디지털 휴먼 캐릭터와의 상호작용을 통해 피라미드 가상 탐험을 할 수 있다. 이는 물리적 접근 제한과 비용 문제를 해결하는 동시에 교육 · 관광적 가치를 동시에 실현한 사례로 평가된다.

그 외에 〈인상파 화가들의 저녁: 파리 1874〉는 19세기 파리와 첫 인상주의 전시 현장을 고증에 따라 재현하고, 가상 도슨트 '로즈'의 안내를 통해 관람객이 당시 예술가들의 관계와 창작 배경을 서사적으로 이해하도록 설계되었다. 최대 100명이 동시에 체험할 수 있어 운영 효율성을 높였으며, 미술사 교육의 몰입도를 강화했다. 해외 전시를 통해 국가 이미지를 제고하고 유물 이동 없이도 글로벌 홍보가 가능함을 입증했다.

이러한 사례들은 XR 기술이 문화유산 경험의 질적 전환을 이끈다는 점을 보여 준다. XR은 원거리나 비용 제약 없이 문화유산에 접근할 수 있게 해 시공간 장벽을 해소하고, 다중 참여형 환경을 통해 협력적 탐험과 집단 학습을 촉진한다. 시각뿐 아니라 청각 · 촉각 등 다중 감각을 통합한 몰입형 환경은 관람객이 문화유산을 '체화된 경험'으로 받아들이게 하며, 맞춤형 해설과 정보 제공이 가능한 AI 기반 디지털 휴먼 도슨트는 참여자별로 개인화된 경험을 제공한다. 또한 XR은 국가 간 문화 교류를 촉진해, 유적지와 전시를 해외로 이동시키지 않고도 동일한 체험을 전 세계에 제공할 수 있다.

미래 비전 측면에서 XR은 위치 기반 다중 참여 솔루션의 확산을 통해 대규모 인원이 동시에 체험할 수 있는 환경을 마련하고, 이를 통해 교육 · 관광 · 전시 운영의 회전율과 경제성을 향상시킬 것으로 전망된다. 생성형 AI와 결합한 대화형 도슨트의 도입은 실시간 질의 응답, 언어 변환, 개인화 해설을 가능하게 해 문화유산을 살아 있는 서사로 재구성할 수 있다. 더불어 티켓 판매, 구독 서비스, 라이선스 및 기업 후원 등 다양한 수익 모델을 통해 정부 지원 중심에서 자립형 산업 구조로 전환이 가능하다. 접근성 강화, 개인정보 보호, 저작권 관리, 안전성 확보 등 윤리적 · 포용적 설계도 필수 과제로 제시된다.

결국 XR 기술은 디지털 헤리티지의 보존과 활용 방식을 근본적으로 재정의하며, 몰입형 학습, 글로벌 문화 교류, 상업적 자립이라는 세 가지 목표를 동시에 실현할 수 있는 잠재력을 지닌다. 향후 발전을 위해서는 기술 고도화, 사용자 중심 설계, AI 결합, 지속 가능한 비즈니스 모델 구축이 병행되어야 하며, 이를 통해 문화유산은 현재와 미래 세대를 잇는 '살아 있는 경험'으로 변모할 것이다.

확장현실(XR)과 물리적 현실의 자연스러운 통합

XR은 가상현실, 증강현실, 혼합현실을 아우르는 기술로, 물리적 세계와 가상 세계를 실시간으로 통합하는 환경을 제공한다. 여기에 인공지능 기술을 결합하면, 이러한 통합이 훨씬 더 자연스럽고 유연하게 이루어진다. 생성형 AI는 XR 디스플레이에서 나타나는 가상 콘텐츠를 실시간으로 생성, 조정 및 개선할 수 있다. 이로 인해 관람객은 물리적 공간과 가상 공간 사이의 경계를 거의 인식하지 못한 채, 완전히 몰입된 환경에서 상호작용한다.

특히 혼합현실에서 AI는 주변 환경을 분석하고 이에 맞춰 가상의 물체나 환경을 적응적으로 배치할 수 있다. 예를 들어 박물관의 실감형 전시 공간에서 관람객이 어떤 유물 앞에 다가가면 AI가 그 유물의 역사적 배경을 분석하고, 해당 유물과 관련된 가상 콘텐츠를 생성해 실시간으로 디스플레이에 반영할 수 있다. 관람객은 실제 유물뿐만 아니라 그 유물과 관련된 가상 세계로 깊이 들어가는 몰입적 경험을 할 수 있게 되는 것이다.

XR을 통해 또 다른 디지털 타임머신 체험을 이루다

우리는 더 이상 고대 유적지에 직접 가지 않아도 수백 년 전 예술가의 숨결을 느낄 수 있다. 디지털 기술, 특히 XR의 발전은 과거를 복원하는 데 그치지 않고, 체험하고 공감하는 방식으로 진화시켰다. 이 가운데 두 개의 눈부신 프로젝트는 디지털 헤리티지의 현재와 미래를 동시에 보여 준다. 바로 〈쿠푸왕의 피라미드〉과 〈인상파 화가들의 저녁: 파리 1874〉다.

먼저 〈쿠푸왕의 피라미드〉는 인류 문명사의 거대한 유산인 이집트 기자 대피라미드를 정밀하게 재현한 XR 프로젝트다. 프랑스의 익스큐리오(Excurio)는 고고학적 고증과 최신 VR 기술을 결합해, 일반인의 접근이 제한된 대피라미드 내부를 생생하게 탐험할 수 있는 가상 공간을 구현했다. 참가자는 헤드셋을 착용하고, 마치 시간여행자처럼 기원전 26세기 쿠푸 왕의 시대로 들어간다.

가상 고고학자이자 VR 안내자인 '모나'와 함께 대회

랑, 왕의 방, 여왕의 방을 지나며 고대 건축의 정밀함을 직접 보고, 3D 유물과 상호작용하며 고대 이집트인의 삶과 종교를 생생하게 체험할 수 있다.

무엇보다 이 프로젝트의 백미는 다중 사용자 시스템과 시간여행 요소다. 가족, 교육 단체들이 동시에 체험할 수 있도록 설계된 이 시스템은 '혼자' 감상하는 기존 VR의 한계를 넘어선다. 더불어 사용자는 흰색 석회암으로 덮인 과거 피라미드의 원형과 현재의 풍화된 모습을 비교 체험할 수 있다. 런던, 뉴욕, 몬트리올 등 세계 주요 도시에서 전시된 이 프로젝트는 문화유산 보존과 교육, 몰입형 감상의 새로운 기준을 세웠다. 고대의 석벽 뒤에 숨겨진 수천 년의 이야기를, 이제 우리는 가상의 공간에서 직접 걸으며 듣고 보고 느낄 수 있다.

한편, 〈인상파 화가들의 저녁: 파리 1874〉는 회화사에 전환점을 마련한 인상주의의 탄생 순간을 VR로 재현한 프로젝트다. 익스큐리오가 개발한 이 콘텐츠는 19세기 파리 시내 카푸신가에 위치한 사진작가 나다르의 스튜디오, 바로 1874년 첫 인상주의 전시가 열린 그 역사적 공간을 1:1로 복원한 가상 공간이다.

HMD를 쓴 관객은 클로드 모네, 르누아르, 피사로, 드가 같은 화가들과 대화를 나누듯 전시를 감상하며, 그들이 왜 당시의 미술계 권위에 도전했는지를 몸소 이해하게 된다.

이 체험은 단순한 전시 관람이 아니라 스토리텔링 중심의 VR 예술 체험이다. 가상 내레이터 '로즈'의 안내를 따라 관객은 나다르 스튜디오뿐 아니라 살롱 드 페인튀르, 바질의 아틀리에, 센 강변의 그르누예르 섬, 그리고 모네가 〈인상, 해돋이〉를 그린 호텔까지 역사적으로 중요한 장소들을 이동하며 체험한다. 최대 100명의 관람객이 동시에 몰입할 수 있도록 설계된 이 전시는, 오르세 미술관 큐레이터와 협업해 19세기 후반 파리의 거리, 예술가들의 의상, 화풍까지 정밀하게 고증했다.

〈인상파 화가들의 저녁: 파리 1874〉는 미술 감상을 시간여행으로 바꾸는 기획이다. 회화 속 풍경에 머무는 것이 아니라, 그 풍경이 태어난 시간과 공간에 직접 들어가 그 안의 공기와 긴장을 느끼는 것이다. 이러한 XR 체험은 단지 시각적 정보를 축적하는 것만이 아니라, 감성적 몰입을 통해 역사적 혁신의 순간을 직접 '살아 보는' 예술적 사건으로 만든다.

결국 이 두 프로젝트는 각기 다른 시대와 대륙의 문명을 소재로 삼고 있지만, 공통적으로 XR 기술을 통해 과거와 현재, 물리적 유산과 디지털 재현 사이의 경계를 허

물었다. 〈쿠푸왕의 피라미드〉는 고대 유적에 접근하는 새로운 방식의 가능성을, 〈인상파 화가들의 저녁: 파리 1874〉는 미술사를 경험하는 새로운 형식을 제시했다. 이제 문화유산은 박물관 유리 안에 고정된 과거가 아니다. XR을 통해 우리는 그 과거를 걸으며, 이야기하고, 다시 느낄 수 있다. 이 새로운 감각의 유산 체험은 우리가 기억을 재구성하는 방법 자체를 변화시키는 거대한 흐름의 일부가 되고 있다.

생성형 AI 기술의 발전과 박물관 콘텐츠

오픈AI(Open AI)가 만든 생성형 인공지능 챗지피티는 단기간에 약 2억 명의 사용자 수를 기록했다. 2024년 5월 5일에는 GPT 4.5를 출시했고, 지금도 계속 업그레이드되고 있으며 이미지 생성 기능까지 추가되었다.

이런 생성형 AI를 사용해 가상 표현을 생성하려면 정확성, 세부 사항 및 신뢰성을 보장하기 위한 여러 단계가 요구된다. 맨 먼저 박물관 유물에 대한 정확하고도 풍부한 참고 자료 수집이 필요하다. 예를 들어 사진, 건축 계획, 역사적 설명 및 기타 관련 문서 등 박물관 유물에 대한 시각, 텍스트 정보를 최대한 수집해야 한다.

또한 박물관 유물을 대상으로 해서 사용하려는 특정

유형의 생성형 AI를 만들어야 한다. 예를 들어 GAN(생성적 적대 신경망)을 사용한 3D 모델링이 필요한데, 이런 GAN은 훈련 데이터를 기반으로 사실적인 3D 모델을 생성할 수 있다. 그리고 생성형 AI의 가장 중요한 기능인 이미지 생성인데, 이것은 달리, 미드저니와 같은 모델을 사용해 텍스트 설명을 기반으로 이미지를 생성하는 것이다. 이는 박물관 유물에 대한 시각 콘텐츠를 만드는 데 도움이 될 수 있다.

종국적으로 이를 통해 AI가 생성한 박물관 소장 유물을 대상으로 'AI 유물 가상 투어', '박물관 유물 체험 교육 비디오', '박물관 인터랙티브 XR 체험'과 같은 인공지능 콘텐츠를 만들어 낼 수 있다. 이러한 단계를 따르면 생성형 AI를 활용해 유익하고 시각적으로 매력적이며 문화적, 역사적 중요성을 존중하는 디지털 표현을 만들 수 있게 되는 것이다.

AI 기술과 개인화된 박물관 경험

AI 기술의 핵심적인 특징 중 하나는 데이터를 기반으로 한 개인화된 서비스 제공 능력이다. 이는 박물관 관람 경험을 개인 맞춤형으로 변모시킬 수 있는 잠재력을 지니고 있다. 기존 박물관은 모든 관람객에게 동일한 전시 정보를 제공하며, 관람객이 능동적으로 전시 내용을 해석하는 데 의존해 왔다.

그러나 AI 기술이 도입되면, 관람객의 관심사, 학습 속도, 문화적 배경 등을 고려한 개인 맞춤형 전시 콘텐츠 제공이 가능해진다. 예를 들어 관람객이 특정 주제에 대해 흥미를 보이는 경우, AI는 이를 분석해 관련된 전시물을 추천하거나 심화된 정보를 제공할 수 있다. 이 과정에서 AI는 관람객의 실시간 반응을 학습하고, 이를 바탕으로 전시의 흐름을 동적으로 조정할 수도 있다. 이러한 개인화된 경험은 관람객이 전시에 더욱 몰입할 수 있게 하며, 박물관 방문의 의미와 가치를 한층 더 높이는 데 기여할 것이다.

AI 기반 인터랙티브 콘텐츠로 발전

AI 기술은 박물관 전시를 더욱 상호작용적이고 몰입감 있게 만드는 도구로 작용할 것이다. 전통적인 전시는 관람객이 수동적으로 정보를 수용하는 형태로 이루어져 있었지만, AI 기술이 접목된 전시는 관람객이 전시물과 직접 상호작용하며 학습할 수 있는 환경을 제공한다.

AI 기반 인터랙티브 콘텐츠는 관람객의 참여를 유도하고, 전시에 대한 이해를 심화하는 데 중대한 역할을 한다. 예를 들어 AI 기술을 활용한 가상 캐릭터나 가이드가 관람객과 대화하며, 질문에 답변하거나 추가적인 설명을 제공할 수 있다. 이러한 가상 가이드는 미리 설정된 정보를 제공하는 것이 아니라 관람객의 반응에 따라 실시간으로 응답하며 전시 경험을 더욱 풍부하고 다채롭게 만든다.

또한 AI는 관람객의 행동 데이터를 분석해 전시 기획에 반영할 수 있다. 이를 통해 박물관은 관람객의 선호도와 행동 패턴을 이해하고, 전시 구성과 운영을 더욱 효과적으로 할 수 있게 된다. 이 과정에서 AI는 지속적으로 학습하며, 전시의 효과성을 극대화하는 방향으로 발전해 나갈 것이다.

맞춤형 관람 AI 안내 서비스 제공

AI는 박물관의 운영 및 관람객 서비스에서도 중요한 역할을 할 수 있다. AI 기반의 가상 도슨트는 관람객에게 맞춤형 정보를 실시간으로 제공할 수 있다. 관람객이 전시물을 감상할 때, AI 도슨트는 해당 유물의 역사적 배경, 관련된 문화적 맥락 등을 자동으로 설명해 주며, 관람객이 질문하면 즉각적인 답변을 제공할 수 있다.

이는 전통적인 도슨트의 역할을 대체하거나 보완하는

형태로 활용될 수 있으며, 더 많은 관람객에게 개인화된 안내 서비스를 제공하는 데 기여할 수 있다. 또한 AI 기반 챗봇이나 음성 인식 시스템은 박물관 입구에서부터 관람객을 맞이해 티켓 예약, 전시물 검색, 박물관 동선 안내 등을 자동화할 수 있다. 관람객이 자신만의 맞춤형 관람 루트를 설계할 수 있도록 돕거나, 특정 시간대에 혼잡하지 않은 구역을 추천하는 등 실시간 안내 서비스도 가능하다.

이를 통해 박물관은 더욱 효율적이고 편리한 관람 환경을 조성할 수 있으며, 관람객 만족도를 높일 수 있다.

AI가 만들어 주는 개인 맞춤형 체험

실감 체험은 단순한 시각적 재현을 넘어섰다. 이제는 관람자의 눈동자, 머무는 시간, 반응 속도까지 AI가 실시간으로 분석해 맞춤형 경험을 설계한다.

한 어린이가 불교를 소재로 다루는 불교 전문 박물관에서 난해한 불상을 지나치고 오래 머물지 않는다면, AI는 그 앞에서 애니메이션 설명을 자동 실행하고, 시선을 집중시킬 수 있는 스토리텔링 요소를 추가해 흥미를 유발할 수도 있다. 반면 전문가 관람객에게는 구체적인 건축 구조, 미술사적 해석, 관련 문헌 링크 등을 제공한다.

이러한 기술은 '관람의 민주화'를 실현한다. 누구나 자신의 지식 수준과 관심에 맞는 방식으로 문화유산을 체험할 수 있으며, AI는 학습자형, 여행자형, 감성형 등 개별 성향을 반영한 경험 알고리즘을 통해 문화유산을 '관람자 중심 콘텐츠'로 재탄생시킨다.

실감 체험의 철학, 복제인가 재창조인가?

그러나 우리는 질문을 던져야 한다. 실감 체험이 아무리 정교해져도, 그것을 진짜 '문화유산 경험'이라 말할 수 있는가?

가상공간 월정사에서 명상을 한다고 해서, 월정사가 위치한 설악산 계곡의 냉기, 향 냄새, 공양의 시간까지 경험할 수 있을까? 물론 아니다. 그러나 실감 체험은 현실을 대체하려는 것이 아니다. 그것은 현실에서 닿기 어려운 문화유산을 다양한 감각과 해석으로 확장하는 '제2의 문'이다. 특히 팬데믹 시대를 거치며, 우리는 물리적 장소를 대신할 수 있는 경험의 중요성을 절감했다. 문화유산은 그저 물리적 유물에 머물러선 안 되며 인간의 기억과 감각 속에서 살아야 하는 존재라는 점에서, 실감 체험은 그 가능성을 연다. 그동안 박물관 유리관 너머의 문화유산은 오랫동안 '정적인 존재'였다. 우리는 그것을

'보았다'. 설명을 읽고, 그 기원을 추측하고, 복원된 유물을 통해 과거를 상상했다. 그러나 오늘날, 문화유산은 더 이상 우리 앞에 '놓여진 대상'이 아니다. 실감 체험 기술의 발전은 유산을 '체험의 장'으로 바꾸어 놓았다. 문화유산은 이제 보는 것이 아니라, 걷고, 만지고, 듣고, 때로는 그 안에서 살아 보는 대상이 되었다.

또한 실감 체험은 창작자에게는 새로운 예술의 언어이기도 하다. 전통 공예의 디지털 복제, 전통 춤의 모션 캡처 데이터, 전통 음악의 사운드스케이프화 등은 모두 과거의 예술을 재해석하고 현재화하는 창조적 도전이다.

AI+XR 시대, 체험은 이젠 기록이 된다

AI 기반 실감 콘텐츠는 단지 체험을 제공하는 데 그치지 않는다. 사용자의 체험 자체가 데이터로 기록되고, 그 체험이 다시 다음 관람객의 경험을 바꾸는 데 활용된다. 예를 들어 한 메타버스형 궁궐 체험 프로그램은, 이용자 수천 명이 어느 공간에서 오래 머물렀는지, 어느 시점에서 이탈했는지를 분석해 동선과 스토리를 개선한다. 즉, 실감 체험은 스스로 진화하는 콘텐츠이자 사용자와 함께 성장하는 '살아 있는 유산 생태계'가 되는 것이다. 또한 AI는 관람자가 경험한 체험의 데이터를 기반으로 그 사람에게 맞는 다른 유산 체험을 추천하거나, 궁궐에서의 경험을 토대로 다른 사찰, 민속마을 체험으로 자연스럽게 연계하는 콘텐츠 큐레이션까지 수행할 수 있다. 이는 전통적인 유산 전시가 결코 구현할 수 없는 '경험 중심의 네트워크'를 가능케 한다.

문화유산의 미래는 '경험의 설계'에 있다

실감 체험은 문화유산의 미래를 다시 정의한다. 그것은 단순한 재현이 아니라 새로운 시대의 '기억 방식'이자 '참여 방식'이다. 과거의 유산은 이제 박제되지 않는다. 오히려 그것은 감각적으로, 정서적으로, 그리고 알고리즘적으로 '살아 있는 존재'로 관람자 곁에 나타난다. 우리는 이제 유산을 '보는 시대'를 지나, '경험 속에 사는 시대'에 들어섰다. 유산은 더 이상 과거의 증거물이 아니라, 오늘의 감각과 내일의 창조를 위한 경험 플랫폼이 된 것이다. 그 중심에 AI와 실감 기술이 있다. 그러나 그 기술을 통해 무엇을 설계할 것인가, 어떤 경험을 유도할 것인가는 여전히 인간의 상상력과 윤리의 몫이다.

참고문헌

권순관(2010). "디지털체험전시관의 체험전시유형에 따른 전시연출 분석연구", 《디지털디자인학연구》, 10(2).

리타(2025). https://www.lita.gg/ko

박재연(2021). "1874년 4월 15일, 인상주의의 탄생", 《프랑스사 연구》, 45.

박혜윤(2022). "디지털 미디어 발전에 따른 박물관 전시 변화 사례연구", 연세대학교 커뮤니케이션대학원 미디어 아트 전공.

안형기·박종은(2024). "홀로그램을 활용한 무형유산 XR 융합콘텐츠 개발-남원 국립국악원 수궁마루 전시 사례를 중심으로", 《박물관학보》, 47.

안형기·이용규(2024). "XR 기술을 이용한 공주 근대문화유산의 가치 재현과 활용", 《글로벌문화콘텐츠》, 60.

안혜령(2022). "실감 콘텐츠의 인터랙션 연구", 《디지털융복합연구》, 20(4).

안혜령(2022). "실감 콘텐츠의 인터랙션 연구", 《디지털융복합연구》, 20(4).

안혜령·김치호(2022). "실감콘텐츠의 인터랙션 연구-국립중앙박물관 디지털실감영상관과 아르떼뮤지엄제주를 중심으로-", 《디지털융복합연구》, 20(4).

양한빈(2023). "페인팅 기반의 확장현실(XR) 콘텐츠 활성화 방안 연구", 《디지털예술공학멀티미디어논문지》, 10(4).

위상희 외(2023). "해양 문화유산 실감콘텐츠 발전 방향 연구: 신안선 실감콘텐츠 사례 분석을 중심으로", 《인문콘텐츠》, 72.

위상희·안형기(2023). "포스트 코로나 시대의 디지털 헤리티지의 방향성 연구", 《글로벌문화콘텐츠》, 56.

위상희·안형기(2023). "홀로그래피 기술을 활용한 AI 도슨트 분석 연구", 《한국콘텐츠학회논문지》, 23(12).

이경택(2020). “XR(eXtended Reality) 융합 기술 동향”, 《정보와통신》, 37(10).

이지은(2022). “인터랙티브한 실감콘텐츠의 유형별 특성 연구: 국립중앙박물관 사례를 중심으로”. 《한국디자인포럼》, 76.

장병호(2024). “12월 재개관 노트르담 대성당, 국립고궁박물관에서 만난다”, 이데일리, https://www.edaily.co.kr/News/Read?newsId=03335766638950256

정광철(2020). “국립중앙박물관 경천사 10층 석탑 프로젝션 매핑, Digital Heritage 실감 콘텐츠 제작”, 경주스마트미디어센터 제2회 디지털헤리티지포럼.

정지원(2022). “오션형 실감콘텐츠-국립해양유물전시관 및 국립제주박물관 실감콘텐츠 제작사례”, 국제문화재산업전 2022 HERI-TECH 디지털헤리티지 학술세미나 발표자료.

최준혁(2023). “국립박물관 전시 공간의 실감형 콘텐츠 구현 특성 연구”, 대한전시디자인학회.

06
인공지능의 인간, AI 디지털 휴먼

디지털 휴먼은 인간의 본질을 가상 세계에 재현한 디지털 생물체로, 인간이 지니고 있는 생로병사와 같은 생물학적 기능은 없지만 인간처럼 대화하고 감정적인 교류까지 가능한 존재다. 단순한 3D 캐릭터나 애니메이션이 아니라, 실제 사람처럼 외모와 감정을 표현하고, 음성으로 대화하며, 인공지능 기반의 상호작용을 수행한다. 신(神)은 인간을 창조했지만 인간은 다시 자신을 닮은 '디지털 휴먼'을 만들어 낸 것이다. 따라서 디지털 휴먼은 제2의 인류라고도 볼 수 있다.

AI와 민주주의?

디지털 휴먼의 개념

디지털 휴먼(Digital Human)이란 기술적으로 들여다본다면 컴퓨터 그래픽(CG, VFX) 및 딥러닝 기술을 결합한 기술 개념으로, 실제 인간처럼 인터랙션 상호작용도 가능한 일종의 '지능형 가상인간(假像人間: 아바타)'을 의미한다.

현재 디지털 휴먼의 감정을 모델링하는 것은 다양한 모델이 제시되고 있으나 아직은 연구할 여지가 많은 것으로 판단되며, 향후 인간의 감정과 유사한 감정을 재현하는 디지털 휴먼이 가능할 것으로 생각된다. 이런 딥러닝 분야의 연구가 발전하면서 디지털 휴먼에도 새로운 전기가 마련되고 있으며, 렌더링 분야에서는 신기술이 적용되면서 근미래에 실제와 유사한 디지털 휴먼의 표현이 가능해질 것으로 판단된다. 향후 XR 실감 콘텐츠, 메타버스 기술 발전과 더불어 디지털 휴먼 기술 발전에도 많은 관심이 집중되고 있다. 이러한 디지털 휴먼 기술은 모델링, 인터랙티브 기술, 머신러닝 딥러닝으로 점차 고도화되면서 가상과 현실의 영역을 넘나들며 다방면에서 활용이 예상되고 있다.

디지털 휴먼의 네 가지 유형과 역사 인물형의 문화적 가치

21세기 디지털 기술의 발달은 인간을 모사하고 재현하는 디지털 휴먼이라는 새로운 존재의 창조를 가능케 했다. 디지털 휴먼은 단지 시각적 모사에 그치지 않고, 감정 표현, 자연어 대화, 상황 인식, 서사 구성 등의 다차원적 기능을 수행하며, 다양한 사회 · 문화 · 산업 분야에서 활용되고 있다. 디지털 휴먼은 그 목적과 데이터 기반에 따라 다음과 같은 네 가지 유형으로 구분할 수 있다.

가상인간형(Virtual Persona Type)

가상인간형은 실존 인물과 무관하게 완전히 새롭게 창조된 디지털 캐릭터다. 대표적인 사례로는 신한라이프 광고 모델로 제작된 '로지(ROZY)'가 있다. 이들은 브랜드의 아이덴티티를 대표하는 존재로서 마케팅, 광고, SNS 등의 분야에서 활동하며, 독자적인 외모와 성격, 서사를 바탕으로 디지털 셀러브리티로 진화한다. 이 유형은 상업성과 창조성이 결합된 콘텐츠 자산으로서 활용도가 높다.

휴먼 재현형(Real Human Replica Type)

실존 인물, 특히 생존한 인물 또는 고인이 된 인물을 디지털로 재현하는 형태다. 대표적으로 MBC의 다큐멘터리 〈너를 만나다〉에 등장한 디지털 휴먼은, 사별한 가족과 다시 만나는 경험을 제공하며 심리적 치유와 감정 교류의 기술로 주목받았다. 이 유형은 고인 추모, 스타 복원, 인플루언서 확장 등으로 활용이 가능하며, 감성 기술과 윤리적 문제를 동시에 안고 있다.

캐릭터형(Character-type Digital Human)

게임, 애니메이션, 교육 콘텐츠 등에서 활용되는 디지털화된 상징적 존재다. 이들은 서사적 세계관 속에서 탄생한 존재로, 스토리텔링과 상호작용 중심의 경험형 콘텐츠로 자주 활용된다. 사용자와의 대화, 퀘스트 수행, 감정 표현 등이 가능하며, 인공지능과 결합해 점차 자율적 반응이 가능한 방향으로 진화하고 있다.

역사 인물형(Historical Persona Type)

디지털 휴먼 중에서 박물관, 전시관, 문화유산 분야에서 가장 주목받는 유형은 바로 이 역사 인물형이다. 이는 실존했던 역사적 인물을 디지털로 재현해, 관람객이 대화하거나 해설을 듣는 등의 상호작용 경험을 제공하는 형태다. 역사 인물형은 단지 외형 복원에 그치지 않고, 그 인물에 대한 방대한 기록과 서사, 맥락적 지식을 학습 데이터로 포함해야 하는 고도화된 재현 작업이다.

역사 인물형 디지털 휴먼의 구현 조건과 사례

역사 인물형 디지털 휴먼은 정확한 사실 기반의 빅데이터와 AI 상호작용 기술이 결합되어야 구현될 수 있다. 따라서 재현하려는 인물에 따라 기술적 조건과 난이도는 크게 달라진다.

예를 들어, 근현대사 인물 안중근 의사는 사진, 육필 편지, 법정 기록 등 다양한 아카이브 자료가 남아 있어 사실 기반의 정교한 재현이 가능하다. 반면, 삼국시대의 김유신 장군과 같이 문헌 기록이 단편적이고 이미지 자료가 거의 남아 있지 않은 인물의 경우 디지털 휴먼 구현이 제한적이다. 이 경우 AI가 문헌 추론, 유사 인물 비교, 문화 맥락 보완 등을 통해 불완전한 데이터를 채울 수 있는 수준에 이르러야 구현이 가능할 것이다.

역사 인물형 디지털 휴먼의 가장 큰 잠재력은 시공간을 초월한 상상력의 구현에 있다. 데이터가 충분하다면, 한 인물의 다양한 생애 단계를 나누어 복원할 수도 있다.

예컨대 한국의 대표 지성 이어령 선생의 경우 청년기와 노년기의 디지털 휴먼을 각각 구현하고, 두 인물이 서로 대화하게 하는 장면을 상상할 수 있다. 청년 이어령은 이상과 열정을, 노년 이어령은 경륜과 성찰을 보여 주며, 같은 인물이지만 서로 다른 두 명의 이어령을 같은 공간에서 체험할 수도 있는 것이다. 이처럼 역사 인물의 내면적 다양성과 시간 속 변화를 AI로 재구성할 수 있다면, 디지털 휴먼은 단순한 인물 재현을 넘어 '지성의 다중화', 즉 인간 정신의 복수적 구현이 가능해진다.

또한 《걸리버 여행기》의 저자인 조너선 스위프트와 《홍길동전》을 지은 허균이 서로의 작품 세계를 논하는 디지털 대화 콘텐츠도 가능하다. 이처럼 서로 만난 적 없는 인물들이 AI 학습을 통해 서로에 대한 이해를 바탕으로 대화하게 되는 장면은 AI + 디지털 헤리티지의 새로운 지평을 열 수 있다.

혜초 디지털 휴먼 인공지능

대표적 역사 인물형 디지털 휴먼의 사례로는 통일신라 시대 승려 혜초(慧超: 704~787)를 들 수 있다. 혜초는 16살에 경주를 출발해 인도를 거쳐 이슬람 지역에 이르는 대장정을 한민족 역사상 최초로 이루어 냈다. 그가 귀

국한 뒤 남긴 기록 《왕오천축국전》은 동아시아에서 초기 불교 문화와 인도 문명의 전파 경로를 보여 주는 소중한 자료다.

역사적 고증을 위해 한국문명교류연구소 고(故) 정수일 소장이 지난 2004년에 번역한 혜초의 왕오천축국전 번역본을 바탕으로 빅데이터(Big Data)를 제작한 후 인공지능 프로그램으로 투영했다. 이는 혜초 스님의 여행 경로와 문헌 기록, 신라시대의 복식, 말투 등을 근간으로 디지털 캐릭터를 설계했고, AI 기반 음성 응답 시스템을 탑재해 관람객과의 대화형 콘텐츠를 구현했다. 이는 국내 최초의 역사 인물 AI 디지털 휴먼으로 평가되며, 박물관 · 교육 분야에 중요한 전환점을 제시했다.

고종 황제 인공지능

고종 황제는 조선왕조 마지막 왕이다. 아울러 우리나라 최초의 제국이었던 대한제국 초대 황제다. 이런 고종 황제를 AI 디지털 휴먼으로 제작했다. 현재 서울 4대 궁의 하나인 덕수궁 석조전에서 키오스크 형태로 전시 중이다. 이것은 실존했던 왕을 대상으로 한 박물관 디지털 휴먼 사례다.

고종 황제를 AI 디지털 휴먼으로 구현해 전시하는 것

은 역사와 기술이 결합된 새로운 형태의 문화유산 체험 방식으로, 매우 상징적이고 의미 있는 시도라 할 수 있다. 고종 황제를 키오스크 LED 기반의 디스플레이에서 AI 기술로 되살려 관람객이 직접 대화하고 정보를 얻을 수 있는 인터랙티브한 디지털 휴먼으로 구현한 것은 단순한 전시를 넘어 역사적 인물과의 실감나는 소통이라는 새로운 박물관 경험을 가능하게 한다.

특히 덕수궁 석조전이라는 역사적 공간에서 고종 디지털 휴먼이 전시된다는 점은 장소성과 인물의 역사적 의미를 함께 되살리는 상호작용적 문화 콘텐츠로서, 관람객에게 시간의 경계를 넘나드는 몰입감과 감동을 제공한다. 또한 이는 실존했던 조선왕조 인물을 최초로 디지털화한 사례로, 향후 다른 역사 인물로의 확장 가능성을 제시하며, 문화유산 보존과 활용의 새로운 패러다임을 열었다는 점에서 중요한 의의를 지닌다.

결국 고종 디지털 휴먼 전시는 과거를 현재로 불러와 미래 세대에 더욱 생생하고 입체적인 방식으로 역사를 전달하는, 첨단 기술 기반의 문화유산 향유 방식의 전환점이자 선도 사례라 할 수 있다.

전곡선사박물관 ICEMAN 외찌 인공지능

경기도 연천은 동아시아 최초로 아슐리안형 주먹도끼가 발견된 곳이다. 이런 획기적인 고고학적 발견을 통해 한국의 구석기 편년을 획기적으로 전환시킨 유적에 마련된 구석기 전문 박물관이 전곡선사박물관이다.

전곡선사박물관이 개관했을 당시 복제 유물 중에는 지난 1991년 유럽 알프스 산맥에서 발견된 아이스맨(ICEMAN)의 복제 유물이 있다.

일명 외찌(Otzi)라고 불리는 전시 유물 가상 복제품이다. 실제 아이스맨은 이탈리아 티롤박물관에 미라 형태로 보존 중이지만, 전곡선사박물관에서 이를 복제해 전시하고 있다. 그리고 지난 2021년에는 아이스맨 외찌의 AI 디지털 휴먼 재현 사업을 통해 5300년 전 유럽인의 조상을 대한민국에서 디지털로 재현했다. 이는 전통 방식의 유물 전시의 한계성을 극복하고 디지털 휴먼 기술을 적용한 대화형 인공지능 전시물이었다. 2020년 기획해 2021년 하반기에 제작을 마치고 2022년부터 지금까지 본격적인 AI 디지털 휴먼으로 서비스되고 있다.

또 2025년에는 한국콘텐츠진흥원의 '2025년 인공지능 콘텐츠 실증 제작 지원' 공모 사업을 통해 외찌 외에 고대 한반도 구석기인인 소위 '전곡이'를 AI로 재현하는 프로젝트를 진행하기도 했다. 일명 'K-Museum AI－전곡리안과 함께하는 포용적 구석기 시간 여행'이라는 제목이다. 이 프로젝트는 인공지능 기술을 활용해 구석기 유적지인 전곡리안의 문화유산에 대한 이해를 높이고, 관람객에게 더욱 몰입감 있는 경험을 제공하고 있다.

이 모든 사례는 선사시대 인류를 소재로 한 세계 최초의 인공지능 콘텐츠다. 본격적인 박물관 전시용 AI 디지털 휴먼이라고 말할 수 있다. 이것은 또한 인공지능 플랫폼을 바탕으로 전 세계 박물관·전시관에 적용될 가능성을 염두에 둔 것이다. 이것은 일종의 'K-AI'의 시작점이라고 볼 수 있다.

미국 달리 박물관 디지털 휴먼 제작

스페인의 초현실주의 화가 살바도르 달리는 무의식을 탐구한 대표적인 화가로 지난 20세기 인류 미술사에 큰 업적을 남겼다. AI 기술로 되살려 낸 스페인의 천재적인 화가 살바도르 달리는 머신러닝을 통해 학습한 표정을 달리와 체형이 비슷한 인물이 연기한 얼굴에 딥페이크 기술로 합성한 것이다.

이 경우처럼 예술이나 문화에 대한 활용이라면 딥페이크 기술의 새로운 가치를 기대해 볼 수 있을 것이다.

딥페이크는 더 이상 불법적 콘텐츠를 생성해 내는 것이 아니라 달리와 같이 본인의 삶에 대해 직접 들을 수 있는 유익한 형태로 역사적 의미가 있는 인물의 사후 부활에 활용될 가치가 있는 것이다.

윤봉길 기념관 윤봉길 디지털 휴먼

지난 2024년 국가보훈부는 윤봉길 열사를 포함한 독립운동가 세 명을 국내 최초로 디지털 휴먼으로 제작했다. 윤봉길 의사 기념관의 경우 2024년 여름부터 본격적인 서비스를 실시하고 있다. 이것은 인공지능 기술을 통해 독립운동가를 생생하게 복원하고, 박물관을 찾는 관람객에게 한국 독립운동의 역사를 더욱 생동감 있게 전달하려는 것이다.

독립운동가를 소재로 한 이런 디지털 휴먼 전시는 오랜 시간이 지난 독립운동의 의미를 더 명확하게 되새기고, 정적인 전시품이 아닌 AI라는 도구를 통해 더욱 동적인 역사 의식을 함양하는 교육 효과를 자아낼 수 있다.

예를 들어 윤봉길 디지털 휴먼과의 상호작용을 통해 당시 독립운동 시대상을 파악하면서, 과거 독립운동가들의 숭고한 희생 정신을 더 선명하게 기억할 수 있게 된다. 박물관을 찾은 관람객들은 AI 키오스크를 통해 디지털 휴먼으로 재구성된 윤봉길 열사와 대화를 통해 마치 홍커우 공원 현장에 와 있는 듯한 느낌을 얻을 수 있다. 특히 고도화된 AI 음성 인식을 통해 더 자연스러운 대화를 체험하게 된다.

이런 디지털 휴먼의 궁극적인 방향성은 과거 실존했던 역사 인물과 거의 똑같이 말하고 행동하는 수준의 현실감을 보여 줄 수 있다.

역사 인물형 디지털 휴먼의 문화적 함의

디지털 휴먼 기술은 단순한 시각 복제를 넘어, 인물의 시대 정신, 가치, 철학, 감정을 복원하려는 시도다. 그중에서도 역사 인물형은 문화유산의 해석과 경험 방식을 바꾸는 전환점에 서 있다. 이 유형은 다음과 같은 문화적 가치를 가진다.

- 과거 인물의 지식과 신념을 현재적 언어로 재해석함.
- 역사 · 교육 · 관광에서 몰입형 내러티브 경험 제공.
- 빅데이터 기반 문화 기억 확장과 디지털 전승 지능화.
- 인문학과 기술이 결합된 AI 디지털 르네상스의 구현.

역사 인물형 디지털 휴먼은 단지 고인을 되살리는 것

에 국한되지 않는다. 그것은 기억의 재설계, 시간의 상상력, 그리고 문화적 대화의 장을 여는 새로운 실천이다. 앞으로 AI 기술이 더욱 정교해질수록 이들의 활동 무대는 박물관을 넘어 교육, 공공 외교, 대중문화 전반으로 확장될 것이다. 이 유형은 과거와 미래를 잇는 디지털 시대의 인문학적 다리가 될 것이다.

디지털 휴먼의 구성 요소: 얼굴, 말, 감정, 상호작용

디지털 휴먼이 인간처럼 느껴지는 이유는 그들이 단순한 화면상의 존재를 넘어 표정 · 음성 · 지능 · 감정 등 여러 층위의 요소를 탑재하고 있기 때문이다. 아래와 같은 네 가지 요소를 가졌을때 진정한 디지털 휴먼으로 기능할 수 있을 것이다.

음성 및 언어 인터페이스

TTS(Text-to-Speech), STT(Speech-to-Text), LLM 기반 자연어 처리 기술이 결합하면서 디지털 휴먼은 자연스러운 언어 대화를 구사한다. 미리 녹음된 내용을 재생하는 것이 아니라 실시간으로 맥락에 따라 반응하고 말하는 존재가 되는 것이다.

페이스 리얼리즘

일반적으로 디지털 휴먼의 얼굴은 고해상도 3D 스캐닝과 모션 캡처, 그리고 AI 기반 합성 기술을 통해 실존 인물과 거의 흡사한 수준까지 정교하게 구현된다. 하지만 더 나아가 사실적인 인물 구현을 위해서는 눈동자의 미세한 떨림, 입술의 미묘한 떨림까지 표현되는 얼굴은 인간과 감정적으로 교류할 수 있는 중요한 인터페이스가 된다.

빅데이터 기반 인터랙션

미국 플로리다 살바도르 달리 박물관의 초현실주의 화가 '살바도르 달리' 디지털 휴먼은 단순한 스크린 속 존재가 아니다. 센서, 카메라, 마이크, 음성 인식 기술을 통해 관람객의 움직임, 말, 표정에 반응하며, 같은 공간에 존재하는 듯한 환영을 만들어 낸다. 이는 몰입도 높은 경험을 가능케 하는 핵심 기술이다.

인간과 유사한 감정 시뮬레이션

디지털 휴먼을 구현하기 위한 마지막 요소이면서 가장 어려운 기술이다. 이것은 사람의 말과 표정, 음성 톤 등을 AI가 실시간으로 분석하고, 이에 맞는 감정 상태를 디지털 휴먼이 표현하도록 설계한다. 예컨대 관람객이 슬픈 이야기를 전하면 디지털 휴먼의 표정이 바뀌고 음성이 부드러워진다.

디지털 휴먼은 단순히 감정을 흉내 내는 수준을 넘어 상황에 맞는 공감적 반응을 실현하는 방향으로 진화하고 있다.

디지털 휴먼의 미래: 기억, 교육, 치유의 존재로

디지털 휴먼은 이제 전시관을 넘어 일상의 파트너로 확장되고 있다. 김대중 대통령 탄생 100주기를 기념하는 행사에서 김대중 대통령 AI 디지털 휴먼을 등장시켜 연설을 한다든지, 2025년 경북 구미에서 열렸던 '경상북도 국제 AI메타버스 영상제' 초대 손님으로 이미 사망한 고 김수미 배우가 등장해 축사를 대신하는 등 과거의 유명 인사뿐만 아니라 최근까지 생존했던 인물들도 디지털 휴먼으로 등장하고 있다.

이러한 역사적인 인물을 디지털로 복원해 AI 기반 스토리텔링을 제공하는 콘텐츠는 교육 분야에서 높은 효과를 보이고 있으며, 치매 환자와 소통하는 감정형 AI 휴먼은 의료 복지 분야에서도 활용되고 있다. 앞으로의 디지털 휴먼은 디지털 헤리티지와 결합해 다음과 같은 방향으로 진화할 것이다.

첫째로 문화유산 해설사로 활약하게 되는데, 각 지역 박물관의 유물과 문화유산 유적지를 설명해 주는 인터랙티브 가이드로 활동 가능하다.

둘째로, 실존하지 않는 예술가로서 무대에 오르거나 죽은 예술가를 '디지털 환생'시키는 기능을 할 것이다.

셋째는 교육용 교사 역할로, 역사, 윤리, 과학 등 다양한 주제를 서사적으로 전달할 수 있는 AI 기반 캐릭터 튜터의 기능을 할 것이다.

마지막으로 감정 돌봄 파트너의 역할인데, 감정을 인식하고 공감하는 AI 동반자로서 고령 사회에서 정서적 지원도 가능하다. 인간 도우미를 대신하여 '디지털 휴먼 도우미'의 역할까지 가능하다.

궁극적으로 디지털 휴먼은 단지 기술이 아니라 디지털 시대의 새로운 인간성 구현 방식이다. 이렇게 인공지능과 결합된 디지털 휴먼은 인간의 언어, 감정, 기억, 상호작용 방식을 디지털 공간에 이식함으로써 '존재'를 재정의하고 '소통'을 확장하는 문화적 실험을 계속 이어 갈 것이다.

인간의 복제인가, 또 다른 진화인가?

디지털 휴먼은 또 이러한 철학적 질문까지 던질 수 있다. "디지털 휴먼은 인간인가, 아니면 디지털 기계인가?"

우리는 아직 그 경계에 서 있다. 확실한 것은, 디지털 휴먼은 인간을 닮기 위해 만들어졌지만, 인간과는 다른 방식으로 감동을 주는 새로운 존재라는 점이다.

디지털 휴먼은 결국, 우리가 기술을 통해 무엇을 기억하고 누구와 소통하고 싶은가에 대한 문화적 상상력의 결과물이다. 그리고 그 상상력은 앞으로도 계속 인간을 닮은 존재를 통해 진화할 것이다.

참고문헌

김성빈·한정엽(2022). "역사 디지털 휴먼 유형에 따른 제작 기술 및 미디어 활용 특성 연구: 역사 미디어 콘텐츠 활용 사례를 중심으로, 한국공간디자인학회 논문.

김영태(2025). "인천 (구)송도역 전시관내 AI휴먼 개발과정과 전시, 2025 공주 디지털헤리티지 페스타 AI헤리티지 심포지엄 발표논문.

박진호 외(2022). "Research on XR-Based AI Digital Human: King Sejong the Great historical figure-type artificial intelligence Digital human", 한국콘텐츠학회 국제학술대회 발표논문.

박진호 외(2022). "역사 인물형 디지털 휴먼 현황과 개선방안", 인문콘텐츠학회 20주년 기념 학술대회 논문.

박진호 외(2022). "역사인물형 인공지능 디지털 휴먼 콘텐츠에 관한 연구", 한국콘텐츠학회 종합학술대회 발표 논문.

박진호 외(2022). "인공지능 디지털휴먼 유형 구분에 관한 연구", 《문화콘텐츠학회 연합학술대회 발표 논문집》.

박진호 외(2024). "AI를 활용한 디지털 휴먼 중심의 아테네 학당 XR콘텐츠 개발", 《문화영토연구》, 5(1).

박진호·김상헌(2021). "인공지능 디지털 휴먼 개발: 전곡선사박물관 ICEMAN 외찌 콘텐츠 개발 및 가상 융합체험관 구축", 《글로벌문화콘텐츠》, 46.

유동환 외(2023). "역사인물형 디지털 휴먼의 기획과정 재검토: '디지털 휴먼 단독 콘텐츠 기획'에서 '디지털 융합 전시기획으로", 《인문콘텐츠학회 동계 종합학술대회》.

이다영·한정엽(2022). "디지털 휴먼 제작기술 기반 영상미디어 활용사례 및 특성연구: 실시간·비실시간 영상을 중심으로", 한국공간디자인학회 논문.

조용진 외(2014). "유관순 얼굴의 3D 디지털 복원과 활용방안", 《충청문화연구》, 13.

07

AI와 미디어 아트, 무한 상상력에 인공지능 예술을 더하다

미디어 아트는 디지털 기술 발전과 함께 탄생한 예술 장르로, 초기에는 영상, 인터랙션, 센서 기반 기술을 활용한 설치 미술 위주로 발전해 왔다. 2010년대 후반 이후 AI 기술의 비약적 발전은 미디어 아트의 창작 방식과 표현 영역에 새로운 국면을 열어 주었다. 딥러닝 기반 생성 모델과 텍스트 · 이미지 변환 기술은 인간 작가 창의성의 범위를 확장하고, AI를 공동 창작자로 참여시키는 환경을 조성하고 있다. 미디어 아트는 '기술 기반 표현'에서 '기계와의 협업 예술'로 점차 전환되고 있다.

AI와 애니메이션?

디지털 헤리티지는 AI 기반 미디어 아트의 창작과 구현의 핵심적인 기반 자료로 기능한다. 무엇보다도 디지털 헤리티지는 고해상도의 이미지, 3D 스캔, 음성, 문헌 등 다양한 형식의 데이터를 포함하고 있어, AI 알고리즘이 학습하고 생성하는 데 필요한 원재료를 제공한다. 이러한 정교한 데이터는 예술가가 AI를 활용해 문화유산을 재해석하거나 새로운 콘텐츠를 생성하는 데에 중요한 창작 자원이 된다.

또한 디지털 헤리티지는 단순한 시각 자료를 넘어 역사적·문화적 맥락을 포함하는 서사적 구조를 지니고 있다. 이는 AI 미디어 아트가 시각적 몰입을 넘어서 문화적 의미를 내포한 예술로 진화하는 데 기여하며, 작품의 내러티브 구성에 깊이를 부여한다.

더불어 디지털 헤리티지는 AI와 결합해 실시간 반응형 인터랙티브 콘텐츠를 구현하는 데에도 유용하다. 가상공간에서의 관람객 반응을 AI가 분석하고 콘텐츠를 변화시키는 방식은, 몰입형 전시의 주요 기제로 작용하며 관람 경험을 적극적이고 참여적인 형태로 전환시킨다. 이러한 상호작용은 관객의 감성적 몰입을 유도하고, 문화유산 체험의 새로운 방식으로 기능한다. 나아가 디지털 헤리티지는 AI 기반 큐레이션 시스템과 결합해 개인 맞춤형 전시를 제공하며, 관람자의 선호와 반응에 따라 콘텐츠를 조정할 수 있다. 이는 관람자의 문화유산 접근성을 향상시키고, 감상의 다양성을 확대한다.

결론적으로 디지털 헤리티지는 AI 미디어 아트 창작의 재료이자, 의미의 맥락, 상호작용의 무대를 동시에 제공하며, 예술 · 기술 · 보존의 경계를 넘나드는 융합형 예술 실천을 가능하게 하는 중요한 자원이다. AI 기술이 고도화될수록 디지털 헤리티지는 그 예술적 활용 가능성이 더욱 확장될 것으로 기대된다.

미디어 아트 결과물의 유형

AI 기술이 적용된 미디어 아트 결과물의 유형은 크게 세 가지로 나눌 수 있다. 첫째는 AI가 독립적으로 생성한 이미지나 음악, 영상 등의 작품들이다. 이러한 결과물은 예술 창작의 새로운 주체로서 AI의 가능성을 드러낸다. 둘째는 관객과의 실시간 상호작용을 통해 콘텐츠가 끊임없이 변형되는 인터랙티브 아트워크다. 관람자의 반응에 따라 시청각적 요소가 변화하며, 감각적 몰입을 극대화하는 구조를 갖는다. 셋째는 인간 작가와 AI의 협업으로 만들어진 작품이다. 이 경우 작가는 AI가 생성한 결과물을 조정하거나 재해석하는 역할을 수행하며, 창작 주체가 분산되고 다층화되는 양상이 나타난다.

인공지능은 미디어 아트의 새로운 창작 환경을 조성하며, 예술의 정의와 주체성에 대한 철학적 논의까지 불러일으키고 있다. 정적인 감상에서 벗어나 실시간성, 상호작용성, 개인화된 감정 기반의 예술로 진화하는 미디어 아트는 AI의 기술적 기반을 통해 그 확장 가능성을 넓히고 있으며, 이는 앞으로 예술-기술 융합 환경에서 핵심적인 방향으로 작용할 것으로 보인다. 이러한 변화는 예술의 개념을 새롭게 쓰는 동시에, 윤리적 기준과 미학적 판단에 대한 사회적 논의도 함께 요구한다.

디지털 헤리티지와 AI미디어 아트와의 만남

AI 미디어 아트와 디지털 헤리티지는 서로를 확장시키는 동반자와도 같은 관계에 있다. 디지털 헤리티지는 과거의 문화유산을 3D 스캔, VR, AR 등 디지털 기술로 복원하고 재현해 보존의 한계를 뛰어넘으려는 시도에서 시작되었다. 그런데 여기에 AI가 결합하면, 그 유산은 단지 보존되는 대상이 아니라 살아 움직이는 존재처럼 진화한다.

AI는 문화유산에 생명력을 불어넣는다. 예컨대 유적지의 원형을 AI가 학습해 손실된 부분을 자동 복원하고,

관람객의 동선이나 반응을 실시간으로 분석해 맞춤형 해설을 제공할 수 있다. 나아가 미디어 아트는 이를 감각적으로 풀어내는 통로가 되어, 관람객은 단순한 정보 수용자가 아닌 문화유산의 체험자가 될 수 있다.

따라서 AI 미디어 아트가 디지털 헤리티지를 만나면, 고대 유물이 현대의 언어로 말을 걸고, 오래된 벽화가 빛과 소리로 관람객을 감싸 안는 장면이 펼쳐진다. 이는 단지 기술의 융합이 아니라 시간을 초월한 문화적 대화이며, 과거와 현재를 연결하는 감성의 다리다. 디지털 헤리티지가 AI와 미디어 아트를 만나 새로운 이야기꾼이 되는 이 순간, 우리는 문화유산을 더욱 깊고 풍부하게 경험할 수 있게 된다.

AI를 통한 미디어 아트 창작 환경의 변화

AI의 도입은 미디어 아트의 창작 방식, 저자성 개념, 수용자의 경험을 구조적으로 변화시키고 있다. 우선 AI는 이제 도구를 넘어서, 데이터 기반의 해석과 결과 도출을 스스로 수행하는 '공동 창작자'로 기능한다. 예술가의 역할은 '감독자' 또는 '기획자'로 이동하고 있다. 또한 저자성과 소유권 이슈 문제로 AI가 창작한 결과물에 대한 저작권, 윤리적 책임, 알고리즘의 투명성 문제는 미디어 아트 분야에서 법적 · 철학적 논의로 확장되고 있다.

몰입성과 개인화 경험의 문제를 보면 AI는 관람객의 입력 데이터에 따라 예술 경험을 개인화하며, 몰입형 경험(Immersive Experience)을 강화한다. 이는 미디어 아트의 포용성과 접근성을 높이는 긍정적 결과를 낳는다.

AI의 예술 참여는 기술적인 혁신뿐만 아니라 새로운 윤리적 · 사회적 과제를 제기하기도 한다. 먼저 인간 작가가 주체가 아닌 작품을 과연 '예술'로 볼 수 있는가에 대한 질문은 여전히 유효하다. 또한 생성형 AI는 대형 기술 기업에 의해 독점적으로 개발되고 있어, 예술계의 접근성 불균형이 심화될 수 있다. 환경 및 지속 가능성의 문제를 살펴보면, 대규모 AI 학습 모델은 막대한 에너지와 자원을 소비하며 디지털 예술 생태계의 지속 가능성을 위협할 수 있다. 따라서 AI 기반 미디어 아트의 발전은 철학적 반성, 제도적 대응, 윤리적 원칙 확립이 병행되어야 한다.

AI는 미디어 아트를 단순한 디지털 예술의 한 장르에서, 기술과 예술이 공진화하는 창의적 플랫폼으로 변모시키고 있다. 인간-기계 협업의 새로운 형태는 예술가의 역할 재정립을 요구하고, 예술 수용자에게는 더 개인화된 몰입 경험을 제공한다. 그러나 AI 기반 예술이 안고 있는 윤리적, 사회적 함의를 충분히 성찰하고 이에 대한 대응 전략을 마련할 때, AI 미디어 아트는 기술 중심의 유행을 넘어 미래 문화예술의 핵심 축으로 자리매김할 수 있다.

참고문헌

김미라(2022). "실감콘텐츠 이용자의 주관적 인식유형 연구: 지각된 특성을 중심으로", 고려대학교 대학원 문화콘텐츠학과 박사학위 수여논문.

박혜윤(2022). "디지털 미디어 발전에 따른 박물관 전시 변화 사례연구", 연세대학교 커뮤니케이션대학원 미디어 아트 전공.

안혜령(2022). "실감 콘텐츠의 인터랙션 연구", 《디지털융복합연구》, 20(4).

안혜령·김치호(2022). "실감콘텐츠의 인터랙션 연구-국립중앙박물관 디지털실감영상관과 아르떼뮤지엄제주를 중심으로-", 《디지털융복합연구》, 20(4).

양한빈(2023). "페인팅 기반의 확장현실(XR) 콘텐츠 활성화 방안 연구", 《디지털예술공학멀티미디어논문지》, 10(4).

이지은(2022). "인터랙티브한 실감콘텐츠의 유형별 특성 연구: 국립중앙박물관 사례를 중심으로". 《한국디자인포럼》, 76.

이창근(2022). "유네스코 세계유산을 활용한 실감콘텐츠 연출 사례", 국제문화재산업전 2022 HERI-TECH 디지털헤리티지 학술세미나 발표자료.

정광철(2020). "국립중앙박물관 경천사 10층 석탑 프로젝션 매핑, Digital Heritage 실감 콘텐츠 제작", 경주스마트미디어센터 제2회 디지털헤리티지포럼.

정지원(2022). "오션형 실감콘텐츠-국립해양유물전시관 및 국립제주박물관 실감콘텐츠 제작사례", 국제문화재산업전 2022 HERI-TECH 디지털헤리티지 학술세미나 발표자료.
최지원(2025). "문화유산 기반 AI를 활용한 현대미술 현황과 전시: 몽유도원도를 모티브로 한 작품들을 중심으로, 2025 공주 디지털헤리티지 페스타 AI헤리티지 심포지엄 발표논문.
TeamLab(2020). What a Loving and Beautiful World – Exhibition Archives. https://www.teamlab.art

08
AI와 홀로그램, 궁극의 디지털 헤리티지 구현 기술

레이저 빛의 간섭과 회절을 이용해 현실의 물체를 공중에 떠 있는 듯한 3차원 입체 영상으로 구현하는 홀로그램은, 인간이 느끼는 현존감을 극대화시키는 최종적 실감 기술이다. 특히 문화유산 분야에서 홀로그램은 직접 전시하기 어려운 유물의 물리적 한계를 넘어 사라진 문화재를 입체적으로 되살려낸다. 특히 문화유산에서 구현하려는 유물 디지털 복제와 야외 유적의 활용성 측면에서 가장 중요한 기술이다.

AI와 인재 채용?

홀로그램 기술의 정의

홀로그램(Hologram)이란 회절과 간섭 등 빛의 고유한 특성을 활용해 대상의 입체 정보를 기록 · 복원하고 실제 사물과 유사한 3차원 입체 효과를 제공해 몰입감을 부여하는 영상 콘텐츠 기술을 말한다. 홀로그램의 시초를 살펴보면, 1862년 영국의 발명가 헨리 더크(Henry Dirk)가 〈페퍼의 유령(Pepper's Ghost)〉이라는 연극에서 공중에 떠 있는 듯한 가짜 유령의 모습을 대중에 공개한 것이 모태가 되었다.

최초의 홀로그래피 기술은 1948년 영국의 데니스 가보르(Dennis Gabor)가 최초로 발견했다. 1960년대 레이저가 개발된 이후부터 홀로그램이 본격적으로 발전했으며 1990년대에 들어서면서 디지털 홀로그램이 발달하기 시작했다. 그 후 실제 사물을 기록하는 아날로그 홀로그램이 아니라 컴퓨터를 이용한 컴퓨터 생성 홀로그램(Computer-Generated Hologram)이 발명되고 이에 대한 영상 처리, 광학 시스템, 디스플레이에 대한 연구가 꾸준히 이어지고 있다.

홀로그램은 여가, 서비스, 교육, 의료 등 다양한 산업 분야에 활용되고 있으며, 실제 사물을 보는 것과 같이 완전한 입체 영상을 구현하는 기술로서 입체감, 현실감, 몰입감을 제공하는 인간 친화형 실감 콘텐츠 기술로 각광받고 있다.

본격 상업적 홀로그램의 태동

지난 2010년 디스트릭트가 유사 홀로그램 기술을 적용해 제작한 〈김덕수 디지로그(Digilog) 사물놀이〉라는 공연 콘텐츠의 대성공 이후, 국내에서 디지털 헤리티지의 홀로그램 기술 가능성이 주목받기 시작했다. 이후 홀로그램 기술은 K-POP 공연을 비롯해 박물관 전시 등 다양한 문화 산업 분야에 활용되고 있다.

2020년 COVID-19 팬데믹 이후 비대면, 비접촉 디지털 헤리티지 콘텐츠의 수요가 증가했고, 실감 콘텐츠 기술 등은 현재도 박물관에서 활발히 사용되고 있다. 이와 같이 시대적, 사회적 변화와 더불어 대중의 디지털 콘텐츠에 대한 관심과 수요가 커지면서 홀로그램 기술도 앞으로 박물관 전시에 많이 활용될 것으로 전망된다. 하지만 아직까지 디지털 헤리티지 분야에서는 홀로그래피 기술과 홀로그램의 개념 구분, 디지털 헤리티지 관점에서 홀로그래피 기술의 범위에 관해서는 별다른 논의가 없고 문화유산을 대상으로 한 홀로그램을 이용한 보존과 전시에만 논의가 국한되어 있는 실정이다.

홀로그램 기술 유형 분류

최근에는 기존 홀로그램의 한계를 극복할 수 있는 홀로그래피 기술의 연구 개발이 활발하다. 홀로그램 기술의 범위도 기록과 재현이라는 기존 이분법적 구분에서 벗어나 첫째, 콘텐츠 획득 기술, 둘째, 획득한 콘텐츠를 홀로그램으로 처리하는 기술, 셋째, 3D 이미지로 재현하는 홀로그램 콘텐츠 가시화 기술로 나누어지기도 한다. 또한 홀로그램의 획득, 처리, 가시화 기술 분야에 따라 기술적 연계성을 갖는 홀로그램 구현을 위한 7대 핵심 기술이 제시되기도 한다.

홀로그램의 종류

홀로그램은 생성하고 재생하는 방식에 따라 1) 아날로그 홀로그램, 2) 디지털 홀로그램으로 구분되며, 홀로그램과 같은 효과를 구현하는 3) 유사 홀로그램도 있다.

먼저 아날로그 홀로그램은 사진 촬영을 응용해 광원으로 레이저를 사용해 촬영한 3차원 영상 이미지 생성 기술 전부를 말한다. 사진과 원리가 유사해 '레이저 입체 사진술'이라고도 불리며, 1990년대 이전부터 상용화되었다.

디지털 홀로그램은 CMOS 센서나 CCD 카메라 등의

이미지 센서로 촬영한 3차원 디지털 데이터를 획득해 생성한 후 이를 다시 저장과 처리, 편집이 가능하게 만든 홀로그램의 기술적 총칭이다.

유사 홀로그램은 '슈도 홀로그램(Pseudo-Hologram)'이라 불리기도 한다. 유사 홀로그램은 완전한 홀로그래피 기술은 아니지만 고해상도 프로젝션 매핑 기술을 이용해 홀로그램과 같은 영상 효과를 모방하는 기술이다. 대표적인 사례로 플로팅(Floating) 기법이 있다.

국내외 홀로그램 디지털 헤리티지 사례

현재 디지털 헤리티지 분야에 제작되어 활용되고 있는 대표적인 홀로그램 콘텐츠는 유사 홀로그램 기술을 사용하고 있다. 국내외 사례들을 살펴보면 대부분 반투과 필름이나 3D 입체 영상 구현이 주를 이룬다. 일반 대중을 위한 홀로그램형 서비스는 프로젝션과 스크린을 활용한 유사 홀로그램 형식의 기술이 주를 이루었고 테마파크에서 제공되는 요소에서는 고해상도 프로젝션 장비와 대형 스크린 설치가 구현되는 경향이 뚜렷하다.

미국 스프링필드의 링컨 도서관 및 박물관에는 수증기를 볼륨 스크린 형태의 영상으로 제공함으로써 관찰자에게 입체로 보이는 착시를 일으키는 사례가 있으나

표 8-1. 홀로그램 기술을 사용한 국내외 디지털 콘텐츠 사례

분류		콘텐츠명	적용 기술	전시 및 관리기관
국내 사례	1	김덕수 사물놀이 홀로그램 콘텐츠(2010년)	유사 홀로그램	한국콘텐츠 진흥원
	2	익산 미륵사 복원 홀로그램(2015년)	유사 홀로그램	미륵사지 유물 전시관
	3	울산 장생포 고래박물관 홀로그램(2016년)	유사 홀로그램	울산남구도 시관리공단
	4	송광사 목조삼존불감 홀로그램 (2017년)	유사 홀로그램	국립광주박 물관
	5	나주 박물관 홀로그램 콘텐츠(2017년)	유사 홀로그램	국립나주박 물관
	6	라뜰리에 동대문 상설 공연(2019년)	투명 디스플레이	라뜰리에 상설전시관
	7	거북선 6D 다면 투시 홀로그램 체험(2020년)	유사 홀로그램	충남문화산 업진흥원
	8	익산 미륵사지 홀로그램 콘텐츠(2020년)	유사 홀로그램	익산 문화재야행
해외 사례	1	미국 링컨 도서관 및 박물관의 유령(2005년)	유사 홀로그램	미국 링컨박물관
	2	네덜란드 운하박물관 홀로그램 (2012년)	유사 홀로그램	네덜란드 운하박물관
	3	영국 로만 바스 홀로그램(2017년)	유사 홀로그램	영국 로만 바스 전시관
	4	루브르 박물관 야외 홀로그램(2017년)	유사 홀로그램	프랑스 루브르박물관

이는 결과적으로는 프로젝션 매핑 방식과 동일하다.

현재까지 사례들을 종합해 보았을 때 장비와 융합하는 사례가 비교적 안정적인 홀로그래피 기법으로 구현되는 경향이 있다. 하지만 아직 홀로그램에 대한 기술 개발이나 구현이 실제로 이루어지지 못했다. 현재 기술은 답보 상태지만 디지털 헤리티지 기반의 콘텐츠를 체험하려는 관람객은 지극히 일반적인 유사 홀로그램 사례를 체험할 뿐이다. 또한 아직 인터랙티브 요소가 거의 제공되지 않고 관람 위주의 콘텐츠가 주류를 이루고 있다.

문화유산을 디지털화하는 기법, 훼손된 문화유산을 원래대로 디지털로 재현하는 일에 대한 중요성이 높아지면서 이와 관련한 파생 기술이 필요하지만 기술 표현 단계가 아직 높은 수준에 이르지 못하고 있다. 그러한 이유로 관람객들이 실제로 생각하고 원하는 홀로그램 기술이나 눈높이에 현재 단계의 디지털 헤리티지 홀로그램 기술 적용의 만족도는 낮은 현실이다. 지속적으로 디지털 헤리티지 분야에서 집중도와 영향력을 높이는 기술을 개발하고 고도화해야 한다.

아울러 홀로그램 연구와 관련된 정부 기관과 민간 연구소에서는 홀로그램 원천 기초 기술 단계 수준 파악이 어렵고 핵심 원천 기술이 부족한 반면 유사 홀로그램 구현 단계에서만 머물고 있는 실정이다.

결국 기술 구현의 부족 현상이 야기되고 있다. 디지털 헤리티지 공공 영역에서 새로운 기술 접목의 기회와 가능성을 앞으로 더 발전시켜야 한다.

디지털 헤리티지 관점에서 홀로그램 헤리티지 정의

홀로그램 기술을 활용한 디지털 헤리티지 경험을 홀로그램 헤리티지로 정의할 수 있다. 따라서 홀로그램 헤리티지란 큰 범주로는 디지털 헤리티지의 범위에 포함되며 3차원 홀로그램 투영 기술을 이용해 문화유산을 실제로 관람하는 것보다 정밀하게 표현하고 완벽하게 체험하도록 하기 위한 제작 과정과 결과물로 정의할 수 있다. 그리고 이런 홀로그램 헤리티지의 특징은 네 가지로 분류할 수 있다.

첫째, 편의성이다. 대중은 현장에서 HMD나 햅틱 장비 등 부가적인 장착형 장비를 착용하지 않고 자유로운 상태에서 실제 문화유산을 관람하는 것보다 정밀하게 표현된 체험을 안정적으로 할 수 있다.

둘째, 현실성을 통해서 관람객은 가상의 문화유산 콘텐츠나 효과가 현실에 존재하는 것 같은 감각을 가질 수 있으며 세부 표현이나 의미, 실제 다른 공간이나 콘텐츠를 체험하는 감각을 효과적으로 느낄 수 있다.

셋째, 공간성이다. 홀로그램 장비가 설치된 특정한 공간에서 일반적인 XR과 같은 실감 콘텐츠에서 느낄 수 있는 몰입형 경험을 가질 수 있다.

마지막으로 확장성을 들 수 있다. 다른 방식의 홀로그램 기술뿐 아니라 다른 디지털 기술 및 장비와 복합적으로 사용되어 문화유산에 대해 가장 높은 수준의 몰입감을 줄 수 있으며 연속성을 가지고 새로운 콘텐츠를 제공할 수 있다.

홀로그램 기술이 투여된 디지털 전시

과거 박물관에서 전시되는 소위 '유물'은 본래 존재했던 장소로부터 이탈해 역사적 맥락과 장소적 특성을 상실하게 된다. 따라서 고고학적 유적지에서 발굴된 유물이 현장을 떠나 박물관 장식장 안으로 들어가면, 이 유물이 현장에서 가지고 있는 장소성은 없고 유물을 둘러싼 환경은 모조리 사라지는 결과가 발생한다. 관람객은 덩그러니 유물 자체만 바라볼 수밖에 없게 된다. 이것이 고고학과 박물관의 현실이다.

그렇기 때문에 과거 디지털 전시 체험 기술의 발전은

유물이 이동하면서 없어진 맥락의 환경과 이야기들을 본래 유물이 존재했던 본연의 공간에서 재현할 수 있는 수준에 도달해야 할 것으로 판단된다. 그런 의미에서 앞으로 홀로그램 헤리티지의 역할은 매우 중요한데, 홀로그램은 유물의 원형을 효과적으로 표현하고 잃어버린 공간성까지 전시할 수 있다. 이렇듯 앞으로 충분히 홀로그램 기술이 발전한다면 박물관 방문객들은 이제까지 보지 못한 완전히 새로운 환경의 디지털 헤리티지 세상을 경험하게 될 것이다.

아울러 향후 디지털 실감 기술과도 결합한다면 홀로그램 기술은 단순한 VR과 AR, XR과는 전혀 다른 양상으로 발전할 수 있으며 다양한 산업 분야와 결합해 고부가 가치까지 창출할 수 있다.

고품질 유물 디지털화의 핵심, 광학 기술의 가치와 미래

21세기 디지털 헤리티지는 단순한 기록 보존을 넘어 정확성과 몰입도를 바탕으로 한 실감형 콘텐츠의 개발로 확장되고 있다. 그러나 이를 위한 전제 조건은 고품질의 원천 데이터 확보이며, 그 중심에 있는 것이 바로 광학 기반 3차원 스캔 및 촬영 기술이다.

유물은 세월에 따라 훼손되며, 그 형태와 색채, 질감은 소멸의 과정을 밟는다. 따라서 현존하는 유물의 원형을 최대한 손상 없이, 고정밀도로 수집하는 것이 무엇보다 중요하다. 광학 기술은 이러한 목적을 달성할 수 있는 가장 유력하고 정밀한 기술적 수단으로 부상하고 있다.

광학 기반 획득 기술의 구성과 원리

광학 기반 디지털화 기술은 크게 다음과 같은 방식으로 구성된다.

(1) 정밀 3D 스캔(Structured Light / Laser Scanning)

유물의 외형을 광선 패턴이나 레이저로 스캔해 정확한 형태를 디지털 좌표로 추출한다. 마이크론 단위의 오차 범위로 정밀한 디지털 모델을 구축할 수 있으며, 이는 복원 · 보존 · 디지털 재현의 기본 재료가 된다.

(2) 고해상도 이미지 캡처(Photogrammetry)

여러 방향에서 촬영한 사진 이미지를 3D로 변환하는 기술이다. 이를 통해 유물 표면의 색채, 질감, 미세한 균열까지 정밀하게 디지털화할 수 있다. 이 기술은 특히 실감형 콘텐츠를 구현할 때 시각적 몰입감을 높이는 데 기여한다.

(3) 획득 데이터 기반 인공 융합 콘텐츠 제작

사람의 눈으로 식별할 수 없는 빛의 파장까지 활용해 유물의 재료 구성, 퇴색 정도, 손상 이력 등을 분석하는 기술이다. 문화재 보존과 과학적 진단에 중요한 기초 자료를 제공하며, 향후 예방 보존(Predictive Preservation)의 기초 데이터를 제공한다.

고품질 유물 획득의 필요성과 학술적·보존적 의의

(1) 문화유산 원형 보존과 복원의 근거 자료

유물이 훼손되거나 소실된 경우, 고정밀 3D 스캔 데이터는 복원의 유일한 자료가 될 수 있다. 대표적인 사례로 2008년 숭례문 화재 당시 사전에 3D 스캔한 데이터를 바탕으로 원형 복원이 이루어졌던 일이 있다. 이는 디지털 트윈 개념의 시초적 사례로, 원형 보존의 중요성과 함께 디지털 데이터의 실효성을 입증했다.

(2) AI 기반 디지털 휴먼 및 인터랙티브 콘텐츠

고정밀 스캔 데이터는 단순히 기록에 그치지 않고, 인공지능과 결합해 역사 인물형 디지털 휴먼, AR · VR 전시 등으로 확장될 수 있다. 특히 문화유산 조각, 건축물, 복식 등을 정밀히 디지털화하면 이를 기반으로 한 스토리텔링 콘텐츠, 가상현실 시뮬레이션, 디지털 박물관 투어 등이 가능하다.

(3) 교육 · 관광 · 연구 등 다분야 응용

고정밀 광학 데이터는 전통적인 전시 관람을 넘어서, 교육, 관광, 연구, 문화 산업화에 활용된다. 박물관 교육에서는 실물 유물 대신 인터랙티브 3D 콘텐츠를 통해 접근성을 확대하고, 관광에서는 AR 기반 증강 유물 투어, XR 기반 가상 공간 복원 등으로 실감형 경험을 극대화할 수 있다.

(4) 글로벌 디지털 공유 및 문화 자산의 영속화

유네스코(Unesco), 이코모스(ICOMOS) 등 국제 문화유산 관련 기관은 디지털 공유와 접근권을 미래의 문화적 권리로 강조하고 있다. 광학 기술로 확보된 고정밀 유물 데이터는 국가와 지역을 넘어 디지털 형태로 유통될 수 있으며, 전쟁, 재난, 기후 변화 등으로 유물이 소실되는 위기 속에서도 문화유산의 지속 가능성을 보장하는 유일한 방안으로 주목받는다.

고품질 유물획득에서 시작하는 미래 문화유산의 패러다임

초고해상도 스캔에 의한 유물 작업은 유물의 현재 상태를 기록하며 객관적 아우라를 파악할 수 있다는 것이 장점이다. 인간의 부정확한 육안으로 볼 수 없는 미세한 형상 정보를 초고해상도 스캔을 통해 파악함으로써 유물의 가치를 새롭게 발견할 수 있다.

예를 들어 유물의 모양이나 글자 외에, 토제유물들 혹은 치미와 같은 유물들은 기와 제작 흔적의 종류가 열 가지 이상 나오는데, 과거 장인이 빚은 유물에 남아 있는 지문 등은 초고해상도 스캔에 의한 파악이 아니면 잘 드러나지 않는 경우가 허다하다.

그동안 상용 스캐너들이 정확히 찾아내지 못한 세밀한 부분들은 현미경을 동원해 관찰하곤 했는데, 이러한 현미경은 특정한 고정형 유물만을 대상으로 파악할 뿐 전체 유물을 보지는 못한다. 따라서 초고해상도 유물 3D 스캔은 기존 문화재 보존 과학에 쓰이는 현미경 방식의 한계를 극복할 수 있다.

이렇듯 광학 기반 유물 획득 기술은 단순히 기술적 진보의 문제가 아니라, 문화유산을 지키고, 전승하고, 확장하기 위한 출발점이다. 향후 디지털 헤리티지 정책 수립에서 광학 기반 고정밀 획득 기술에 대한 투자와 표준화는 필수적이다. 기술은 수단이지만, 그 기술을 통해 남기는 유산은 인류의 정체성과 미래를 결정짓는 문화적 자산이기 때문이다.

AI가 불러올 홀로그램 헤리티지의 미래

현재 전 세계에 수많은 문화유산이 있는데 그중 다수는 자연적, 인위적 요인에 의해 훼손될 가능성이 있다. 만약 문화유산이 훼손된다면 두 번 다시 원래의 상태로 되돌릴 수 없다. 3D 스캐닝, 사진 실측과 같은 기존 기술은 문화유산에 대한 디지털 기록으로 가치가 있지만 이를 일반 대중과 공유하기 위해서는 콘텐츠 제작 과정을 거쳐야 한다.

문화유산에 대한 기록 미디어로서 홀로그램을 이용할 수 있으며 자료의 현재 상태를 충실한 3D 영상으로 재현할 수 있다는 점에서 기대할 만하다. 기존 디지털 복제와 다른 의미로 문화유산의 현재 상태를 기록할 수 있다는 것이다.

일반적으로 박물관의 중요한 소장품들을 외부 공간에서 전시하기 위해서는 복잡한 절차를 거쳐야 해서, 이런 것들은 직접 방문하지 않으면 볼 수 없는 경우가 대부분이다. 또한 디지털 기록은 3D 스캔 및 콘텐츠 제작 과정에서 일정 부분 왜곡될 수 있어 실물 그대로의 모습을 보여 줄 수 없다. 이러한 상황에서 실제 모습을 그대로 기록할 수 있도록 홀로그램으로 문화유산 콘텐츠를 제작해 공유한다면 더 정확한 문화유산 실물을 관람하는 것이 가능하다. 이렇게 문화재를 안전하게 보관하면서 공유해 줄 수 있다는 것은 문화재의 보존에도 크게 공헌하는 일이다. 더 나아가 문화유산을 복제, 전시하는 것만이 아니라 다양한 연출을 통해 디지털 콘텐츠 형식으로 홀로그램 헤리티지를 제작한다면 우리 문화유산의 가치를 널리 알릴 수 있다.

앞으로 홀로그램 헤리티지는 많은 기대 효과를 엿볼 수 있다. 먼저 박물관 유 · 무형 문화유산에 홀로그래피 기술을 적용한 다양한 홀로그램 디스플레이와 콘텐츠 서비스를 통해 홀로그램 산업 발전에 이바지할 수 있다. 또한 인터랙티브 요소와 결합한 홀로그램 헤리티지 개발은 새로운 디지털 헤리티지 콘텐츠로서 세계에 수출할 수 있을 것이다.

특히 전국 박물관의 문화유산을 홀로그램 서비스로 제공한다면 관람객들에게 영화 기법에 가까운 효과를 구현해 새로운 체험을 가능케 할 수 있으며, 홀로그램 헤리티지의 실감 효과를 통한 대중의 능동적 참여를 이끌어 교육 효과를 극대화할 수 있을 것이다.

디지털 헤리티지에서 홀로그램의 역할

향후 홀로그램 기반 디지털 헤리티지 발전은 다음 세 가지 방향에서 진화할 것이다. 가장 눈에 띄는 것은 기술 융합 심화 분야로, 이것은 광학 데이터 획득, AI 분석, XR · 메타버스 통합 전시로 이어지는 '통합형 플랫폼' 구축이 될 것이다.

둘째로는 국제 표준화 부분으로, 데이터 포맷, 해상도, 컬러 스펙트럼 등 품질 기준이 국제적으로 통일될 것이다. 마지막으로는 지속 가능한 보존 · 활용 분야다. 이것은 장기적으로 디지털 자산을 장기적으로 보관하고, 교육 · 관광 · 예술 산업에 재활용하는 분야다. 특히 국제 문화 교류 프로젝트와 연계해 특정 국가나 지역의 문화유산을 전 세계에서 접근 가능하도록 하는 글로벌 디지털 문화망 구축이 중요하다.

홀로그램은 단순 시각 기술이 아니라 인류의 문화 기억을 미래 세대에 전달하는 지속 가능한 매개체다. 이를 위해서는 정밀 광학 기반 데이터 획득이 전제되어야 하며, 더 나아가 AI와의 융합이 구현될 때 비로소 AI에 기반한 지능형 문화유산 시대가 열릴 것이다.

결국 디지털 헤리티지의 궁극적 목표는 기술적 화려함에 있는 것이 아니라, 문화유산의 진정성과 역사성을 온전히 보존하면서도 새로운 해석과 창조의 가능성을 제시하는 것이다. 그런 의미에서 앞으로 홀로그램과 AI의 결합은 이러한 목표를 달성할 수 있는 가장 강력한 수단 중 하나로 평가될 것이다.

홀로그램 디스플레이의 한계와 도전

현재 상용화된 홀로그램 서비스의 대부분은 '리얼 홀로그램(Real Hologram)'이라기보다 퀄리티를 낼 수 있는 상업적인 시각화를 위해 '유사 홀로그램'에 의존하고 있는 실정이다. 대표적인 것이 '페퍼스 고스트(Pepper's Ghost)' 방식으로, 반투명 포일에 영상을 반사시켜 허공에 떠 있는 것처럼 보이게 하는 기술이다.

지난 15년 동안 우리나라의 K-POP 콘서트 공연장, 박물관 실감 콘텐츠 제작, 디지털 휴먼용 이벤트 등에서 널리 사용되었지만, 이는 본질적으로 2차원 이미지를 반사하는 것에 불과하다는 한계점이 있다. 슈도 홀로그램도 역시 단점이 존재하는데, 기술적으로는 해상도와 시야각의 한계, 광량 손실 우려, 대형화의 어려움, 마지막으로 대규모 설치 공간의 제약 등이다. 현존하는 홀로그램 기술의 가장 큰 한계는 물리적 현실감과 시각적 완성도의 불일치다. 그런데 '유사 홀로그램'은 실제 빛의 간섭 정보를 복원하지 않기 때문에, 관람 위치나 조명 조건에 따라 영상이 왜곡되거나 사라질 수 있다. 또한 실시간 3D 데이터를 대용량으로 처리해야 하는 기술적 부담, 고가의 장비와 설치 비용 등은 상용화를 어렵게 만든다.

또한 진정한 의미의 홀로그램은 빛의 간섭 무늬를 통해 3차원 정보를 완전하게 재현해야 하는데, 이를 위해서는 나노미터 단위의 정밀 광학 제어와 초고속 데이터 연산 기술이 병행되어야 한다.

홀로그램 미래 발전 전략: 인문, 기술, 생태와의 통합

기술의 정교함만으로는 홀로그램의 미래를 완성할 수 없다. 홀로그램 콘텐츠는 감성적 서사와 예술적 스토리텔링을 결합해야 한다. 즉, '기술의 미학화'와 '콘텐츠의 인간화'가 병행되어야 한다. 사용자 중심의 인터랙션 디자인, 감각 통합형 내러티브, 문화적 문맥을 고려한 시각언어의 구축이 필수적이다. 홀로그램은 단순한 영상기술이 아니라 '기억의 시각화(MM: Media of Memory)'라는 문화적 의미를 지닌다. 따라서 향후 발전 전략은 기술 중심이 아닌 이야기 중심의 콘텐츠 설계로 이동해야 한다. 역사 · 예술 · 철학적 서사를 기반으로 한 '스토리텔링 홀로그램'은 관람객이 단순히 보는 것을 넘어, 공감하고 체험하는 실감 문화유산을 가능하게 한다.

또한 홀로그램 산업은 단일 기술이 아니라, 융복합 생태계로 발전해야 한다. 정부 · 지자체 · 박물관 · 기술기업 · 예술가가 협력하는 '홀로그램 오픈 이노베이션 허브'를 구축해, 연구 개발-제작-전시-교육-수출로 이어지는 전 주기 산업 체계를 형성해야 한다

디스플레이 · 콘텐츠 · 네트워크 · 센서 · AI 등 다학제적 생태계로 구성된다. 따라서 정부 · 산업계 · 학계가 연계된 홀로그램 오픈 이노베이션 플랫폼 구축이 필요하다. 한국형 홀로그램 산업이 문화 · 관광 · 교육 콘텐츠와 연계된다면 세계 시장에서 차별화된 경쟁력을 확보할 수 있을 것이다.

홀로그램의 기술의 진정한 발전은 빛의 간섭 정보를 실시간으로 처리할 수 있는 AI 기반 알고리즘과 나노 광소자 기술의 융합에 달려 있다. 인공지능은 복잡한 간섭무늬 계산을 효율화하고, 실시간 홀로그램 렌더링을 가능하게 하며, 초고해상도 라이트필드 디스플레이와의

결합은 공간감과 깊이감을 극대화한다. 또한 클라우드 기반의 홀로그램 스트리밍은 대규모 원격 전시나 교육 서비스로 확장될 수 있다.

미래의 차세대 실감 기술은 홀로그램으로, 궁극의 인간 기억 재현 기술

홀로그램 기술은 단순히 영상을 떠올리는 장치가 아니라, 인간의 감각 · 기억 · 감정을 시각화하는 미디어로 진화하고 있다. 이는 물리적 공간을 넘어 정신적 공간을 구현하는 기술, 즉 "기억의 실감화(Memory Realism)"의 단계로 나아가고 있는 셈이다.

앞으로 홀로그램은 인간 중심의 실감 경험을 설계하는 '감성공학'과 AI, 뉴미디어 예술, 디지털 헤리티지와 융합될 것이다. 궁극적으로 홀로그램은 현실을 재현하는 기술에서 현실을 창조하는 기술로 전환될 것이며, 그 과정에서 우리는 기술을 통해 새로운 형태의 인간적 감성을 경험하게 될 것이다.

또한 홀로그램은 단순한 기술적 시각효과를 넘어, 인간의 감각과 기억, 그리고 문화적 정체성을 재현하는 디지털 헤리티지의 언어가 되고 있다. 앞으로의 홀로그램 전시는 과거의 유산을 복제하는 데 그치지 않고, AI와

XR 기술을 결합해 재현을 넘어 재창조(Recreation)의 단계로 나아갈 것이다. 그리고 이러한 미래 홀로그램은 문화유산의 시간성을 확장하고, 전 세계인이 공유하는 문화적 감응의 공간을 만들어 낼 것이다.

즉, 홀로그램은 단순히 '보는 기술'이 아니라, '공존하는 기술', 기억과 현재, 인간과 디지털, 실재와 가상의 경계를 허무는 미래형 실감 미디어로서 그 역할을 확장해 나갈 것이다.

참고문헌

박진호 외(2024). "Optical Heritige Exhibition of Admiral Yi Sun-sin: 3D Holographic Content Presentation", 한국콘텐츠학회 국제학술대회 발표논문.

박진호 외(2025). "백제금동대향로 3D스캐닝 기반 몰입형 XR콘텐츠 구현 연구", 한국콘텐츠학회 종합학술대회 발표논문.

박진호 외(2025). "초고해상도 유물 3D스캔 적용 AI기반 헤리티지 콘텐츠 연구", 한국콘텐츠학회 국제학술대회 발표논문.

위상희 외(2023). "디지털 헤리티지 관점에서 홀로그램 기술의 적용과 활용 방안", 《문화와 융합》, 45(6).

위상희·안형기(2023). "홀로그래피 기술을 활용한 AI 도슨트 분석 연구", 《한국콘텐츠학회논문지》, 23(12).

위상희·안형기(2023). "홀로그래피 기술을 활용한 문화유산 전시 사례 분석 연구", 《글로벌문화콘텐츠》, Vol., no.54.

09
AI와 모빌리티, 이동형 헤리티지의 등장

버스는 단순한 이동 수단에서 벗어나 AI와 XR 기술이 융합된 미디어 플랫폼으로 진화하고 있다. 특히 모빌리티 헤리티지 분야에서 세계를 선도 중인 한국의 사례를 중심으로 이러한 변화 과정을 살펴본다. 동물원 MR-Bus, 수원 화성 XR-Bus, 경주 APEC XR-Bus는 버스의 운송 기능과 XR 콘텐츠가 결합된 새로운 형태의 모빌리티다. 이런 흐름은 AI 기능을 탑재한 'AI-Bus'로 발전해, 한류 시대에 국내외 문화유산을 소개하는 디지털 관광 모빌리티 플랫폼으로 확장될 전망이다.

AI와 기자?

자율주행 시대의 모빌리티 문화상

2023년 미국 라스베이거스 CES의 화두는 '초연결'과 '모빌리티'였다. 과거 어느 정지된 특정 공간에서 콘텐츠를 즐기던 것과는 다르게, 달리는 자동차 안에서 즐길 수 있는 VR, MR, XR 버스 형태의 문화유산 체험 모빌리티 시대가 도래한 것이다.

과거 인류의 대표적인 이동 수단이었던 버스는 단지 이동이라는 교통 수단의 기능만을 수행해 왔으나 본격 인공지능 시대를 맞아 다른 역할까지 수행할 수 있는 가능성을 보이고 있다. 이른바 VR-Bus, MR-Bus, XR-Bus 등 소위 차량 안에서 멀티미디어형 콘텐츠를 상영하는 디지털 미디어 버스(Digital Media Bus) 형태로 발전하고 있다. 더욱이 AI 기술에 힘입어 자율주행차가 정착될수록 앞으로 자동차 안에서 향유 가능한 '모빌리티 콘텐츠'의 중요성이 더욱 커질 것이 분명하다.

기존 자동차가 어느 특정한 '목적지'를 중심으로 이동하는 소위 '탈것(Vehicle)'이었다면, XR-Bus는 '경험의 흐름' 중심으로 변모한다. 그 내부는 단순한 좌석 공간이 아니라 이야기를 담은 디지털 무대가 된다. 창문은 투명 OLED 디스플레이로 대체되어 현실 위에 가상 정보를 입히며, 관람객은 가상현실 기기를 착용하지 않고도 몰입

경험을 하게 된다. 이는 XR 기술의 현장 기반 스토리텔링 구현에서도 새로운 가능성을 제시한다.

동물원 아프리카 사파리 MR-Bus 프로젝트

본격적인 미디어 버스 프로젝트의 시작은 MR-Bus로 명명된 디지털 미디어 버스 프로젝트에서부터 시작되었다. 국내에서는 동물원 MR-Bus가 가장 먼저 개발되었다. 이 버스는 대전 O-World 테마파크의 '아프리카 사파리'에 처음으로 도입되었으며, 2019년에 개발되어 2020년부터 3년간 서비스했다.

지난 오랜 시간 동안 동물원에서 관람객은 안전상의 이유로 차량 내에서 동물을 관람해야 했고, 이 과정에서 시각적 한계와 정보 부족을 느꼈다. 이를 개선하기 위해 MR-Bus는 반투명 디스플레이와 증강 정보 제공 시스템을 도입했다. 버스 내부 창문에 투과형 디스플레이를 설치해 실제 동물의 위치 위에 동물 정보, 생태 특징, 행동 패턴 등의 시각적 데이터를 중첩시킨다. 관람객은 실제 동물을 관찰하면서 동시에 관련 정보를 실시간으로 습득할 수 있어, 과학적 정보성과 오락성을 동시에 충족하는 경험을 하게 된다. 이 프로젝트는 동물의 과학적인 지식을 덧붙이는 인포메이션(Information)형 콘텐츠와 어트랙션(Attraction)형 엔터테인먼트 콘텐츠 두 가지를 관람자들에게 동시에 제공함으로써, MR 기술의 정보 결합형 콘텐츠 실현 가능성을 처음으로 보여 주었다.

역사 문화 공간과의 결합, 수원 화성 XR-Bus

XR-Bus는 확장 현실 기술을 활용해 버스 안에서 현실과 가상 세계를 융합한 경험을 제공하는 새로운 형태의 디지털 관광 서비스다. 단순한 교통 수단이 아니라 교육, 엔터테인먼트 등 다양한 콘텐츠를 즐길 수 있는 공간으로 확장될 수 있다.

수원 화성 XR-Bus는 2020년부터 대전 동물원에서 서비스되었던 MR-Bus의 경험과 노하우를 참고해 2022년 9월부터 시작된 서비스 형태다. 1795년 조선 제22대 정조 왕의 행차인 '을묘원행'을 묘사했는데, 평소에 투명한 버스의 유리창은 콘텐츠가 재생될 때는 영상이 보이는 투명 디스플레이(T-OLED)로 전환된다.

XR-Bus에 담긴 내용은 정조(正祖, 1752~1800)의 8일간의 이야기를 콘텐츠로 제작한 것이다. 정조의 어머니 혜경궁 홍씨를 위해 떠난 여정을 XR 콘텐츠로 표현했는데, 'Memory of 1795, 기록에서 기억으로'라는 제목으로 세계문화유산인 수원 화성 영역을 머리에 실제로 쓰는

HMD 기기를 사용하지 않더라도 실감 나는 XR 경험을 할 수 있도록 구성되었다.

수원화성 XR-Bus에 탑재된 XR 콘텐츠는 단순한 정보를 제공하는 것이 아니라 조선 후기의 역사적 순간을 현대 기술로 재구성하는 스토리텔링에 초점을 맞춘다.

조선시대 르네상스를 일구었던 조선 왕 정조가 어머니 혜경궁 홍씨를 위한 효행 여정을 떠나는 형태인 '화성행차'라는 감동적인 이야기가 XR-Bus 안에서 시공(時空)을 넘나드는 경험을 한다. 관람객은 과거 행렬을 눈앞에서 직접 보는 듯한 착각을 느끼며, XR 기술이 기억의 재현과 장소의 해석에 얼마나 유용한지를 체감하게 된다.

이와 같이 수원 XR-Bus는 전통문화와 첨단 기술이 만나는 접점에서, 디지털 문화유산의 대중화와 현장 기반 교육 콘텐츠로서의 가능성을 열었다.

시간을 달리는 타임머신 버스, 경주 XR-Bus로 APEC을 감동시키다

천년 고도를 달리는 '움직이는 유산' 경주 모빌리티 XR-Bus. 천년의 시간을 품은 도시 경주 석굴암의 고요한 미소, 첨성대의 별빛, 한반도 최대 사찰이었던 황룡사의 웅장한 모습은 오랜 세월 그 자리에 머물러만 있었다. 그러나 오늘날 우리는 이런 정지된 유산을 움직이는 체험으로 다시 만난다. 그것이 바로 경주 XR-Bus의 여정이다.

XR-Bus는 단순한 관광버스가 아니다. 버스가 움직이는 순간마다 창밖엔 현재의 경주와 과거의 신라가 함께 달린다. 창문은 투명 OLED 디스플레이로 바뀌고, 그 위에 디지털 영상이 현실과 어우러져 중첩된다. 관람객은 마치 시간의 경계를 넘나드는 듯, 과거와 현재를 동시에 체험한다. 이 프로젝트는 '버스'라는 일상적인 교통 수단을 디지털 문화유산 경험의 무대로 바꾼다. 경주는 단지 과거를 간직한 장소가 아니라 기억을 움직이는 도시이고, XR-Bus는 그 기억을 전달하는 현대의 마차가 되는 것이다.

경주 XR-Bus의 기술적 핵심은 단연 확장현실 기술과 이를 실시간으로 구현하는 모빌리티 디스플레이 시스템에 있다. 버스의 창은 투명 OLED로 구성되어 있으며, 이 디스플레이를 통해 실제 경주의 거리와 유적 위에 가상의 정보와 영상이 겹쳐 보인다.

여기에 정밀한 GPS 기반 위치 추적과 모션 센서, 라이다(LIDAR) 지도 데이터까지 결합해 버스가 이동함에 따라 정확한 위치에 맞는 스토리 콘텐츠가 재생된다. 콘텐츠 자체는 고해상도 3D 모델링, 애니메이션, 실사 촬영이 혼합된 형태로 구성되며, 창밖의 현실과 절묘하게 동기화되어 '타임머신 신라 여행'이 시작되는 것이다. 2025년 경주 APEC을 맞아 경주스마트미디어센터에서 제작했다.

또한 이 시스템은 5G 네트워크 환경을 통해 고용량 데이터를 지연 없이 전송하며, 향후에는 생성형 AI 기반 내비게이션 도슨트 시스템까지 더 확장될 것이다. 이는 방문객이 원하는 정보나 특정 유적에 대해 실시간 대화형 해설을 요청할 수 있는 시스템으로, XR-Bus의 콘텐츠가 더욱 인터랙티브하게 진화하는 토대를 마련한다.

천년 서라벌의 기억을 싣고, 신라 모빌리티 XR-Bus 콘텐츠의 구성

경주 XR-Bus는 기술뿐만 아니라 그 위에 탑재되는 스토리텔링 콘텐츠의 질과 감성에서 강력한 힘을 발휘한다. 이 프로젝트는 단순한 해설 위주의 관광에서 벗어나, 역사적 장면과 정서가 어우러진 극적 경험을 제공한다. 예를 들어 월정교 일대를 지나갈 때, 버스의 창에는 월정교의 축조 장면이 3D 애니메이션으로 재현된다. 수레를

끄는 인부들, 흙을 쌓는 장인들, 목조 다리 외형이 완성되어 가는 전경이 마치 타임머신을 탄 듯 펼쳐진다.

황룡사 터에 이르면, 높이 80미터에 달했던 9층 목탑이 하늘을 찌를 듯이 솟아오르고, 장육존상의 황금빛 불상이 디지털 광휘로 재현된다. 이 장면은 특히 인도 아쇼카 왕과 신라의 불교적 연관성을 암시하는 내러티브와 함께 구성되어, 한국과 인도 사이의 문명 연결성까지 담아낸다.

동궁과 월지(안압지)를 지날 때는 신라 왕실의 연회 장면이 360도 애니메이션으로 펼쳐진다. 음악과 춤, 조명의 화려함이 어둠 속의 디지털 공간에서 되살아난다.

이러한 콘텐츠는 단지 설명을 전달하는 것이 아니라, 역사 속 인물의 시점, 서사 구조, 감정을 동반한 몰입형 체험으로 구성되어 있다. XR-Bus는 '보는 관광'에서 '느끼는 여행'으로 전환을 이끄는 서사적 기술이자 디지털 헤리티지의 새로운 스토리 플랫폼으로, 경주 지역에 산재한 유네스코 세계유산 일대를 달리는 헤리티지 버스(Heritage Bus)다.

한류 버스, K-XR Bus의 글로벌 전략

현재 XR-Bus는 다시 'K-XR Bus'라는 이름으로 한류 시대를 맞아 더욱 확장되고 있다. 이 프로젝트는 두 방향으로 진화 중이다. 첫째는 국내 확장이다. 대표적으로 경주 외에도 전주, 부여, 공주와 같은 유네스코 세계문화유산 도시에서도 헤리티지 XR-Bus 형태로 보급이 가능하다. 더 나아가 자연사 분야로 영역을 확대한다면 공룡 화석이 분포된 고성, 해남, 화성 등지에 '공룡 XR-Bus'까지 개발해 지질학·역사학 기반 콘텐츠와 몰입형 투어를 만들어 나갈 수도 있다. 이를 통해 교육과 관광, 그리고 엔터테인먼트를 통합한 국내형 XR 문화 투어 플랫폼으로 자리매김할 수 있다.

둘째는 해외로의 확장이다. 방콕, 파리, 뉴욕, 라스베이거스, 트로이 유적지 등 세계적인 관광 도시를 대상으로 한 'K-버스 글로벌 플랫폼' 전략을 구상할 수도 있다. 이것은 단순한 투어 버스가 아니라 한국형 XR 기술을 기반으로 한 이동형 미디어 체험 공간으로 볼 수 있다.

일명 K-XR Bus 형태로 명명할 수 있는 이 미디어 버스는 한국 콘텐츠 산업의 글로벌화에 기여할 수 있는 상징적 사업이 될 것이다. 특히 한류와 콘텐츠와의 접목은 XR·AI 기술이 글로벌 문명 교류의 매개체가 될 수 있음을 보여 준다.

한류 버스라는 이름으로 경험의 패러다임을 바꾸다

앞서 언급했던 대로 자동차가 교통 수단으로만 기능하던 시대는 지나갔다. 이제는 움직이는 공간 자체가 콘텐츠가 되고, 경험의 장이 되는 시대다. XR-Bus는 이 새로운 시대의 전조를 보여 주는 중요한 실험이다. 정보와 이야기를 실시간으로 제공하고, 지역의 역사와 문화를 재현하며, 나아가 국경을 넘어 전 세계 도시를 하나의 XR 플랫폼으로 연결할 수 있다.

이 프로젝트는 단지 기술의 진보만을 보여 주는 것이 아니다. 그것은 기억을 재해석하고, 장소의 의미를 확장하며, 인간의 이동 경험 자체를 다시 설계하는 창조적 시도다. 향후 자율주행, 생성형 AI, 5G · 6G 기술과 결합하면 XR-Bus는 단순한 이동 수단이 아니라 미래형 경험 인프라로 자리매김할 것이다.

그렇기 때문에 K-XR Bus는 이제 그 출발점에 불과하다. 진정한 혁신은 이동하면서 배우고, 체험하고, 감동할 수 있는 이동의 철학을 어떻게 실현하느냐에 달려 있다. XR-Bus는 그 질문에 기술적 · 문화적 · 미학적으로 응답하고 있으며, 21세기와 22세기의 도시를 연결하는 디지털 유산의 운반체로 역할을 해낼 준비가 되어 있다.

참고문헌

김정희(2020). “투명디스플레이를 활용한 창문투사형 실감 콘텐츠 제작 사례 : 대전 오월드 아프리카 사파리 Zoo MR-Bus 콘텐츠 개발”, 경주 디지털헤리티지콘텐츠포럼 발표 논문.

박진호 외(2022). “Design and Development of XR Mobility Towards K-XR Bus”, 한국콘텐츠학회 국제학술대회 발표논문.

박진호(2025). “AI영화기반 디지털헤리티지 역사콘텐츠의 재현”, 2025 디지털헤리티지 페스타 AI헤리티지 심포지엄 발표논문.

박진호(2025). “석굴암에서 세계로 APEC시대를 여는 AI·XR 디지털헤리티지 한류”, APEC 2025 KOREA 정상회의 사전 세미나 발표논문.

안형기·박진호(2021). “유네스코 세계유산 트로이 유적 층위기반 인공지능형 메타버스 콘텐츠 연구”, 한국콘텐츠학회 종합학술대회 논문집.

Park, J., & Tribhuvan, A. P.(2024). “Development of Digital Cultural Tourism Contents for the Caves of India, a UNESCO World Heritage Site Using AR-Bus”, Metaverse Driven Intelligent Information Systems, *Information Systems Engineering and Management* (ISEM, volume 20), Springer.

Park, J., et al.(2022). “Design and development of XR mobility Towards K- XR Bus”, *Proceedings of the Korean Contents Society. ICCC.*

Park, J., et al.(2023). “Digital Time Machine XR-Bus Tourist Content and AI Digital Human Content for Experiencing Silla Ruins in Gyeongju City”, *Proceedings of the Korean contents society ICCC.*

Park, J., et al.(2023). Park digital time machine XR-bus tourist content and ai digital human content for experiencing silla ruins in Gyeongju City. *Proceedings of the Korean contents society ICCC.*

Park, J., et al.(2024). "Shilla Gyeongju Tourism AI–Bus Using XR Realistic Content Technology", *Proceedings of the Korean contents society ICCC.*

Park, J., et al.(2025). "Virtual Reconstruction to the Sanchi Stupa through AI Digital Human of Emperor Ashoka", 2025 INDO·KOREA International Conference.

10
디지털 헤리티지와 로봇, 문화유산과 피지컬 AI의 만남

휴머노이드 로봇은 인간처럼 언어와 감정을 표현하며 안내, 해설, 학습 지원 등 다양한 역할을 수행하고 있다. 앞으로는 관람객의 특성에 맞춘 맞춤형 큐레이션과 정서적 교감을 제공하는 지능형 파트너로 발전할 전망이다. 나아가 피지컬 AI와 결합한 휴머노이드 로봇은 문화유산을 새롭게 해석하고 있다. 결국 휴머노이드 로봇은 인공지능 시대의 디지털 문화유산 해석자로서 인간의 기억을 함께 탐구하고 재구성하는 미래형 문화기술의 중심에 설 것이다.

AI와 미래 의사?

휴머노이드 로봇의 진화

박물관은 전통적으로 물리적 유물을 중심으로 정보를 전달하던 공간에서 점차 관람객의 감성, 참여, 상호작용을 유도하는 몰입형 체험의 공간으로 변화하고 있으며, 이 흐름 속에서 인간형 로봇, 즉 휴머노이드 기술은 이를 뒷받침할 새로운 매개체로 부상하고 있다.

휴머노이드 로봇은 단순히 사람의 형태를 모방한 기계를 넘어 이제는 언어, 제스처, 감정 표현 등 인간적인 커뮤니케이션 양식을 구현하는 데 목적을 두고 있으며, 박물관 환경에서는 이러한 특징들이 관람객과의 자연스러운 소통을 가능하게 해 정보 전달의 효율성은 물론 전시의 몰입도와 감성적 만족도를 획기적으로 향상시킬 수 있는 잠재력을 가진다. 이는 단순한 자동화 기술이 아니라 인간과의 정서적, 언어적 상호작용을 수반하는 고차원적 기술로 진화하고 있다.

또한 휴머노이드 로봇은 박물관 전시 환경에서 중요한 역할을 차지하고 있다. 한국 박물관에서는 아주 단순한 기능의 도슨트 로봇의 역할에 국한되어 있지만 유럽과 미국, 일본 등지에서는 과학 박물관을 중심으로 그 활용 영역이 확대되고 있는 추세다.

박물관이라는 특수한 공간은 정적인 유물과 설명 위

주로 구성된 전통적 전시에 머무르기보다는 관람객이 능동적으로 참여하고 몰입할 수 있는 상호작용적 경험을 제공하는 방향으로 전환되고 있다. 이러한 흐름 속에서 사회적 로봇의 도입은 자연스러운 진화로 간주된다.

박물관 맥락에서 로봇이 수행해야 하는 일곱 가지 핵심 기술로 안내 내비게이션, 시각 인지, 음성 대화, 제스처 표현, 행동 생성, 유물 도슨트, 전시 투어 가동을 꼽을 수 있다.

그중 '전시 투어 가동'의 경우, 로봇은 박물관 전시물들 사이의 경로를 사전에 학습하고, 실시간으로 자율 이동하며 방문객을 특정 위치까지 안내하고 그곳에서 전시 내용을 설명하는 역할을 수행한다. 이 과정에서 자율주행 기술, 장애물 회피, 위치 추정 알고리즘이 통합적으로 작동하며, 특정 전시물 앞에서는 로봇이 해당 전시물의 방향을 가리키고 고개를 돌리며 음성과 동작을 통해 설명을 이어 나가는 복합적인 상호작용이 이루어진다. 이는 단순히 고정된 장소에서 정보를 제공하던 기존 로봇과 달리, 이동성과 문맥 기반 대화 능력을 결합한 진보된 서비스 모델로서 의미를 가진다.

박물관에서 휴머노이드 로봇의 역할

이렇듯 앞으로 박물관에서의 휴머노이드 로봇은 단순한 안내 기능을 넘어서 전시물을 해설하고, 관람객의 동선을 유도하며, 개별 관람객의 특성과 관심사에 따라 맞춤형 정보를 제공하는 역할로 발전하고 있다. 이러한 경험을 바탕으로 앞으로 박물관에서는 휴머노이드 로봇이 더욱 확장된 형태로 활용될 수 있다.

첫째, 현재는 미리 정해진 대화 흐름과 제한된 전시 정보를 전달하는 수준이라면, 향후에는 관람객의 반응과 대화 맥락을 실시간으로 분석하고 그에 따라 설명을 조정하거나 질문을 유도하는 적응형 가이드로 발전할 수 있다. 어린이에게는 친근한 언어와 짧은 설명을, 전문가에게는 상세하고 학문적인 정보를 제공하는 맞춤형 큐레이션이 가능해질 것이다.

둘째, 관람객 데이터를 축적하고 분석해 전시물별 관심도, 체류 시간, 이동 경로 등을 학습함으로써, 로봇이 실시간으로 관람객 흐름을 조절하거나 특정 콘텐츠에 대한 주목도를 높이는 공간 전략 수립에도 활용될 수 있다. 셋째, 복수의 로봇이 연동되어 각기 다른 역할을 수행하는 다중 로봇 시스템으로 발전하면, 입구 안내, 전시장 해설, AR 체험 보조 등 역할 분담이 가능한 유기적인 전시 생태계를 구현할 수 있으며, 이 과정에서 로봇 간 통신과 협업 제어 알고리즘의 중요성이 더욱 부각될 것이다.

기술적으로는 로봇이 관람객들과 물리적 충돌 없이 전시 공간을 이동할 수 있도록 하는 기술적 내비게이션이 핵심이다. 장애물을 회피하는 것만이 아니라 사람의 이동 속도나 집단의 이동 흐름을 고려해 부드럽게 섞여드는 동작이 요구되는 것이다.

또한 로봇은 실내 구조물 및 전시물과 인간의 위치를 파악하기 위해 카메라, 라이다, 음파 센서 등을 복합적으로 활용하며, 이를 통해 박물관이라는 복잡한 공간에서 자율적으로 이동하고 상호작용할 수 있는 기반을 마련한다.

문화체육관광부 및 한국콘텐츠진흥원의 2024년도 문화기술 연구개발 사업의 일환으로 고려대 IPDS Lab에서 연구 중인 "복합 소재 문화유산 고품질 복원을 위한 디지털 문화유산 획득용 광학 기술 및 공유 플랫폼 기술 개발"의 경우, 백제 시대의 대표적 출토 유물이자 가장 세밀하고 복잡한 조형미를 지닌 유물인 백제금동대향로를 복제품을 대상으로, 로봇 암 기반의 고정밀 3D 스캔 기술을 활용해 이를 확장 현실 콘텐츠 및 AI 도슨트 서비스로 개발하는 연구를 진행하였다.

전통적인 유물 디지털화 방식은 주로 수작업 스캔 방식에 의존해 왔으며, 이 과정은 많은 시간과 인력, 비용을 필요로 하고 정밀도에 한계가 있었다. 반면, 로봇 암 기반 스캐닝 기술은 자동화된 고정밀 제어 시스템을 통해 유물의 복잡한 구조와 미세한 디테일까지 정밀하게 촬영 · 스캔할 수 있는 기술적 장점을 보유하고 있으며, 이를 통해 디지털 복제물 생성의 정확성과 효율성을 획기적으로 제고할 수 있다.

이렇게 구축된 고품질 3D 데이터는 단순히 디지털 아카이빙을 넘어 박물관 전시 및 교육 현장에서 실감형 콘텐츠로 활용될 수 있는 확장성을 지닌다. 특히, VR · XR 기반 콘텐츠는 관람자에게 백제금동대향로의 조형적 아름다움과 제작 기술, 역사적 맥락을 몰입적으로 체험하게 함으로써 단순한 관람을 넘어선 몰입형 학습 환경을 제공하며, 이는 박물관 교육의 패러다임을 전환하는 중요한 계기가 될 수 있다. 이 연구는 로봇 암 기술을 기반으로 한 정밀 3D 디지털화 과정과 이를 활용한 실감형 콘텐츠 및 AI 해설 시스템이 문화유산의 보존 및 전시, 교육 영역에 새로운 혁신적 접근을 가능하게 한다는 점에서 실천적 가치와 확장성을 지닌다.

특히, 문화유산 접근성의 향상, 체험형 역사교육의 질적 강화, 그리고 박물관 관람의 디지털 전환을 촉진하는 이 모델은 향후 다양한 유물과 문화유산에도 적용 가능한 확장 가능한 문화기술 모델로서 기능할 수 있음을 시사한다.

휴머노이드 로봇 활용 사례

현재 유럽을 중심으로 한 여러 박물관에서는 박물관 안내 로봇을 활용한 교육 실험이 활발히 이루어지고 있다.

최근에 로마 토르 베르가타 대학교 연구진은 '객체 기반 학습(OBL, Object-Based Learning)'을 기반으로, 로봇이 학습자와 함께 유물을 관찰하고 사고하며 질문하도록 유도하는 모델을 개발했다.

이 연구진은 휴머노이드 로봇인 '페퍼(Pepper)'를 교육 보조자로 활용해 어린이와 노인, 그리고 인지적 장애를 지닌 참여자들이 유물과의 물리적 · 가상적 상호작용을 동시에 경험하도록 했다.

이 과정에서 로봇은 단순한 안내자가 아니라, 학습자의 인지 과정을 촉진하는 대화형 파트너로 기능했다. 로봇이 제시한 질문에 따라 참여자들은 3D 프린팅된 유물 조각과 가상 유물 객체를 직접 탐색하며 문화유산의 의미를 해석하고 토론했다. 이러한 방식은 전통적인 수동적 전시에 비해 비판적 사고, 창의성, 협업, 의사소통 등 이런 다양한 역량을 효과적으로 강화하는 것으로 드러났다.

미국에서도 유사한 시도가 이루어졌다. 2019년 휴머노이드 로봇 6대가 스미소니언 박물관의 여러 공간에서 시범 운영되며, 방문객의 질문에 답변하고 내레이션을 수행했다. 이런한 로봇은 RGB-D 카메라, 레이저, 소나를 조합한 센서를 활용해 환경과 사람을 인식하는 데 특화된 기술을 보여 주었다.

한국에서도 인공지능 로봇을 박물관에 도입해 활용했던 사례가 있다. 2021년 서울 국립고궁박물관은 AI 로봇을 전시장에 배치해 유물을 입체적으로 설명하고, 전광판과 연동해 관련 사진과 동영상, 인터렉티브 게임 등 다양한 디지털 콘텐츠를 제공했다. 특히 이러한 로봇들은 층별로 특정 전시를 담당해 단순한 해설을 넘어 관람객의 체험을 강화하는 데 기여했다.

그동안 박물관 전시는 전통적으로 전시 패널과 실물 유물을 중심으로 이루어졌으나, 관람객의 관심을 유도하고 적극적인 참여를 유도하기에는 한계가 존재했다. 이런 맥락에서 인간과 유사한 외형과 행동 양식을 지닌 휴머노이드 로봇은 단순한 정보 전달 도구를 넘어 관람객과의 친밀한 상호작용을 가능케 하는 매개체로 기능할 수 있다.

휴머노이드 로봇과의 융합이 가져올 변화

앞으로 박물관이나 미술관에서 적극적으로 활용되어야 할 로봇 기술의 핵심은 단순한 자동화가 아니라 '상호작용(Interaction)'에 있다. 최근 로봇공학과 AI의 결합을 통해 감정 인식, 자연어 처리, 맥락 기반 응답이 가능해지면서, 로봇은 우리나라 국립박물관에 도입되어 현재 활용 중인 '움직이는 안내판' 정도의 한정적인 용도가 아니라, 지능형 학습자 맞춤형 도우미로 진화하고 있다.

예컨대 앞서 나온 '페퍼'는 사용자의 연령, 반응 속도, 감정 상태를 분석해 질문의 수준과 속도를 조절한다. 이와 같은 기술은 특히 인지적 · 신체적 제약을 가진 관람객에게 유용하며, 사회적 포용(Inclusion)과 복지적 접근성을 동시에 실현한다.

또한 AI가 결합된 휴머노이드 로봇 시스템은 단순한 교육 보조를 넘어 유물 데이터의 분석과 스토리텔링 자동화에도 응용될 수 있다. 박물관 전시에서 AI 로봇이 실시간으로 관람객의 질문에 답하고, 흥미도에 따라 해설의 방향을 바꾸는 사례가 등장하고 있다.

이는 '개인화된 박물관 경험'이라는 새로운 패러다임을 열고 있다. 휴머노이드 로봇과 함께하는 디지털 학습은 특히 어린이와 고령자, 인지적 어려움을 가진 참여자들에게 높은 몰입도와 만족도를 제공한다.

따라서 앞으로 휴머노이드 로봇은 단순히 인간 교사의 대체물이 아니라, 감정적으로 안전하고 반복 가능한 상호작용 환경을 제공함으로써 학습자에게 새로운 형태의 문화적 자율성을 부여하는 것이다. 이는 박물관을 단순한 관람 공간에서 '사회적 학습 공간'으로 전환시키는 결정적 계기가 된다. 더 나아가 휴머노이드 로봇은 박물관의 유물 유입의 첫 장소인 고고학적 발굴지를 대상으로 로봇 고고학자를 투입해 실제 고고학자의 발굴을 옆에서 조력할 수도 있을 것이다.

휴머노이드 로봇의 미래 박물관 적용

현재까지 박물관에서 로봇의 활용은 대부분 안내 및 기본적인 유물 해설 등 단편적인 서비스 제공에 집중되어 있으나, 향후 이러한 기능들을 통합적으로 조정하는 고도화된 행동 생성 시스템이 중심이 될 것으로 보인다.

또한 AI 기반 개인화 알고리즘은 전시 공간에서의 행

동 데이터를 학습해 다음 방문 시 관람객이 흥미를 느낄 만한 콘텐츠를 먼저 제안하는 능동적 큐레이션 역할도 가능하게 할 것이다.

이와 더불어 향후 박물관은 클라우드 기반 지능형 서비스 네트워크를 통해 여러 대의 휴머노이드가 역할을 분담하며 동시에 운영되는 구조로 진화할 수 있다. 예를 들어 하나의 로봇은 입구에서 인사 및 기본 안내를 맡고, 다른 로봇들은 전시실 내에서 유물 해설과 큐레이션을 제공하며, 또 다른 로봇은 박물관 방문객들을 대상으로 사진 촬영을 수행하는 방식이다. 이러한 시스템을 통해 각 로봇은 자신의 상태와 위치, 관람객과의 상호작용 데이터를 실시간으로 서버에 공유하고, 전체 시스템은 통합적으로 조율될 수 있다. 이는 단지 기술적 진보에 그치는 것이 아니라 박물관 공간 전체를 하나의 유기적 인터페이스로 재구성하는 패러다임 전환을 의미한다.

이렇듯 박물관 전시에서 휴머노이드 로봇은 단순히 안내자 역할에 그치지 않고, 전시 콘텐츠를 해설하고 관람 동선을 유도하며, 심지어 체험을 독려하는 교육적 동반자의 역할까지 수행할 수 있다. 방문객이 특정 전시물 앞에서 오랜 시간 머문 기록이 RFID 센서를 통해 파악되면, 로봇은 그에 대한 의견을 묻거나 관련 정보를 추가로 제공하며, 반대로 방문하지 않은 전시물을 추천하는 형태의 맞춤형 콘텐츠 제시도 가능하다. 앞으로 이런 방식은 관람객의 자율성과 흥미를 동시에 존중하면서도 전체 전시 공간에 대한 경험의 깊이를 더할 수 있다.

휴머노이드 로봇은 향후 박물관에서 단순한 안내 도우미를 넘어, 감성적 소통, 맞춤형 정보 제공, 체험형 교육 콘텐츠 전달자라는 복합적인 역할을 수행할 수 있다. 또한 박물관이 단순한 전시 공간을 넘어 교육, 공연, 이벤트의 복합 문화 공간으로 진화하는 흐름 속에서, 휴머노이드 로봇은 특정 주제를 갖는 전시 설명 외에도 스토리텔링 공연, 관람객 참여형 퀴즈, 로봇 연극 등 다양한 문화 프로그램의 주체가 될 수 있다.

그래서 앞으로 박물관은 로봇을 단지 도구로 활용하는 데 그치지 않고, 이를 전시 기획, 교육 전략, 관람객 분석 시스템과 결합해 문화 공간의 질을 획기적으로 향상시키는 융합 매개체로 활용해야 한다. 이를 위해서는 로봇공학뿐만 아니라 디자인, 콘텐츠 기획, 교육학, 심리학 등 다양한 학제 간 협력이 전제되어야 할 것이다.

결론적으로 휴머노이드 로봇은 박물관에서 단순한 전시 설명 도구를 뛰어넘어, 앞으로는 감성적인 디지털 파트너로 자리 잡게 될 것이다. 가까운 미래에는 더욱 정교하고 개인화된 경험을 제공하는 핵심 매개체가 될 것이다. 이를 위해서는 기술적 완성도뿐만 아니라 박물관 고유의 교육적 · 문화적 맥락에 대한 깊은 이해와 관람객 중심의 설계 철학이 병행되어야 한다. 향후 연구와 실증 프로젝트들은 이러한 관점에서 사회적 로봇의 역할을 확대하며, 궁극적으로는 인간과 기계가 협력해 새로운 형태의 문화 체험을 창출해 나가는 모델을 제시하게 될 것이다.

디지털 헤리티지와 피지컬 AI

디지털 헤리티지와 로봇의 결합을 한 단계 더 확장해 본다면 '피지컬 AI(Physical AI)'까지 내다볼 수 있다.

피지컬 AI는 센서, 액추에이터, 딥러닝 기반 인지 시스템을 통해 인간, 환경, 기계의 실시간 상호작용을 가능하게 하는 기술이다. 로봇, 소셜 AI, 감정 인식 인터페이스, 햅틱 피드백 등의 융합을 통해 현실 세계에 인공지능적 존재감을 부여한다.

지금까지 디지털 헤리티지는 실제 문화유산을 가상공간에서 운영하는 개념으로 여겨져 왔다. 그러나 피지컬 AI의 등장으로 가상 공간이 실제 우리 생활 영역으로 들어왔다. 좀 더 쉽게 말하면 화가 반 고흐를 VR이나 AR

공간에서만 만나다가, 반 고흐가 휴머노이드 로봇 형태로 일반 관람객을 만나는 식이다. 어찌 보면 '물리적인 챗지피티'라고도 할 수 있다.

이처럼 피지컬 AI는 단순한 시청각 재현을 넘어서 오감을 활용한 몰입적 경험을 제공함으로써 문화유산 전달 방식을 근본적으로 변화시키고 있다. 따라서 이제 AI는 사상적 해석자이자 매개자 역할을 수행하게 된다.

디지털 헤리티지와 피지컬 AI의 결합은 문화유산 보존과 체험의 방식에 획기적인 전환점을 제공하고 있다. 기술이 기억을 재구성하고, 인간과 과거의 소통을 가능하게 만드는 이 변화는 단순한 트렌드를 넘어 인류 문명의 지식 체계를 확장하는 방향으로 나아가야 한다. 앞으로는 더욱 정교한 철학적, 윤리적 논의와 함께 기술 개발이 병행되어야 하며, 공공성과 교육적 가치 또한 고려된 방향성이 필요하다.

미래 전망

향후 로봇의 디지털 헤리티지 적용은 세 방향에서 발전할 것으로 보인다.

첫째, AI 기반 적응형 학습(Adaptive Learning)을 통해 로봇이 개별 사용자의 학습 수준과 선호도를 실시간으로 분석해 맞춤형 교육 콘텐츠를 제공할 것이다. 둘째, 혼합현실과의 통합을 통해 물리적 · 가상적 경계를 초월한 몰입형 체험이 가능해질 것이다. 로봇은 현실 공간에서 안내하고, 동시에 MR 환경에서는 가상의 유물과 상호작용을 유도하는 중재자로서 기능할 것이다. 셋째, 윤리적 · 사회적 책임이 핵심 의제로 부상할 것이다. 로봇이 문화적 해석을 수행할 때, 그 알고리즘이 편향되거나 특정 문화적 시각을 재생산하지 않도록 투명한 설계와 감수 체계가 필요하다. 따라서 로봇은 더 이상 박물관의 보조적 장치가 아니다. 그것은 인공지능 시대의 '디지털 문화유산 해석자'이며, 인간과 유산을 잇는 새로운 인터페이스로 탈바꿈하게 될 것이다.

AI와 로보틱스, 그리고 가상현실이 결합된 디지털 헤리티지 교육은 물리적 제약을 넘어 모든 세대가 문화유산을 향유할 수 있는 포용적 학습 생태계를 열고 있다. 결국, 로봇은 인간의 기억을 대신하는 존재가 아니라 인류의 기억을 함께 탐색하고 재구성하는 새로운 동반자로 자리 잡아 가게 될 것이다.

참고문헌

박상규(2024). "박물관 실감콘텐츠 전시유형 분류에 관한 연구",

중원대학교 문화재학 박사학위 논문.
박진호 외(2021). "석굴암 콘텐츠 발전과정에 따른 인공지능 XR메타버스 콘텐츠 제안", 《한국영상학회 논문집》, 19(4).
박진호 외(2025). "AI를 통한 윤동주 시인 사후(死後) 시(詩), 인공지능 가상창작 연구", 한국콘텐츠학회 2025 학술대회 발표논문.
박진호(2019). "국보 제24호 석굴암 사례로 살펴본 디지털 헤리티지 발전 단계연구", 《한국통신학회지》, 36(10).
박진호(2021). "디지털 문화유산 유형 연구", 상명대학교 대학원 글로벌문화콘텐츠학과 글로벌문화콘텐츠 박사학위 논문.
박진호·김상헌(2021). "인공지능 디지털 휴먼 개발: 전곡선사박물관 ICEMAN 외찌 콘텐츠 개발 및 가상 융합체험관 구축", 《글로벌문화콘텐츠》, 46.
박진호·김영욱·김정우(2024). "AI를 활용한 디지털 휴먼 중심의 아테네 학당 XR콘텐츠 개발", 《문화영토연구》, 5(1).
박토시(1995). 《디지털 도시》, 마이크로그래픽.
안형기(2017). "考古學과 ICT 融合活用 硏究", 고려대학교 고고미술사학과 박사학위 논문.
안혜령·김치호(2022). "실감콘텐츠의 인터랙션 연구-국립중앙박물관 디지털실감영상관과 아르떼뮤지엄제주를 중심으로-", 《디지털융복합연구》, 20(4).
이인식(1992). 《사람과 컴퓨터》, 까치글방.

박진호

문화유산 디지털 복원가로 활동 중이며, 한양대 문화인류학과를 졸업하고 동국대에서 미술사 석사를 마친 후 상명대학교에서 디지털 문화유산 분야로는 국내 최초로 박사 학위를 받았다. KAIST 문화기술대학원 선임연구원을 거쳐 고려대학교 연구교수를 지내며, 고려대 IPDS Lab에서 디지털 헤리티지 분야를 연구 중이다. 1999년 이후 디지털 헤리티지 관련 100여 차례 이상의 프로젝트를 진행했으며 논문 50편 이상을 발표했다. 단독 저서인 《황룡사, 세상의 중심을 꿈꾸다》(2006)를 비롯해 《한글과 새 시대 새 기술》(공저, 2022), 《메타버스, 세계유산의 미래를 묻다》(공저, 2023), 《공공역사를 실천중입니다》(공저, 2023) 등 다수의 공동 저서를 출간했다.

'헤리티지 AI 영화'를 개척해 인공지능과 문화유산을 결합한 〈걸리버 율도국 여행기〉, 〈실크로드맨 마르코폴로〉, 〈아쇼카 로드〉, 〈란쌍왕국, 백만코끼리의 왕국〉 등의 AI 영화를 감독했다. 〈걸리버 율도국 여행기〉로 2025 경상북도 국제 AI·메타버스 영상제에서 대상을 받았고, 해외 AI영화제인 '인도 Chambal international film festival'에서도 〈아쇼카 로드〉로 대상을 받았다.

경주세계문화엑스포와 국립아시아문화전당(ACC), 국가유산청 자문위원을 지냈으며, 현재 한국콘텐츠학회와 인공지능윤리협회에서 이사로도 활동 중이다.